能源与电力分析年度报告系列

2018

国内外电力市场化改革分析报告

国网能源研究院有限公司　编著

中国电力出版社
CHINA ELECTRIC POWER PRESS

内 容 提 要

《国内外电力市场化改革分析报告》是能源与电力分析年度报告系列之一，主要对每年国内外电力市场化改革的最新进展和重大事件进行跟踪和分析，研究改革的发展趋势和规律，为进一步深化我国电力体制改革和电力市场建设提供借鉴和参考。

本报告分别针对美国、加拿大、欧盟、英国、日本、澳大利亚与新西兰、印度，从政策法规、电力发展、市场概况、电力价格等方面对改革的最新进展和相关事件进行分析，并对我国新一轮电力体制改革的最新政策要求、实施情况、重点问题进行了深入分析和研究。本报告也对国外电力辅助服务市场模式进行了研究和分析，对国外可再生能源配额制的实践经验进行了总结梳理。最后，基于对国外电力市场化改革相关经验的总结，得出了对我国深化电力改革的启示，结合我国国情提出了进一步深化电力改革的相关建议。

本报告可供能源分析人员、电力发展分析人员及国家相关政策制定者参考使用。

图书在版编目（CIP）数据

国内外电力市场化改革分析报告 . 2018/国网能源研究院有限公司编著 . —北京：中国电力出版社，2018.11
（能源与电力分析年度报告系列）
ISBN 978 - 7 - 5198 - 2634 - 5

Ⅰ . ①国…　Ⅱ . ①国…　Ⅲ . ①电力市场－市场改革－研究报告－世界－2018　Ⅳ . ①F416.61

中国版本图书馆 CIP 数据核字（2018）第 260716 号

出版发行：中国电力出版社
地　　址：北京市东城区北京站西街 19 号（邮政编码 100005）
网　　址：http：//www.cepp.sgcc.com.cn
责任编辑：刘汝青　李文娟（010-63412382）
责任校对：黄　蓓　郝军燕
装帧设计：赵姗姗
责任印制：吴　迪

印　　刷：北京瑞禾彩色印刷有限公司
版　　次：2018 年 11 月第一版
印　　次：2018 年 11 月北京第一次印刷
开　　本：787 毫米×1092 毫米　16 开本
印　　张：12.75
印　　数：0001—2000 册
字　　数：171 千字
定　　价：88.00 元

能源与电力分析年度报告
编 委 会

主　任　张运洲

委　员　吕　健　蒋莉萍　柴高峰　李伟阳　李连存

　　　　张　全　王耀华　郑厚清　单葆国　马　莉

　　　　郑海峰　代红才　鲁　刚　韩新阳　李琼慧

　　　　张　勇　李成仁

《国内外电力市场化改革分析报告》
编 写 组

组　长　马　莉

主笔人　曲昊源　张　凡

成　员　杨　素　薛　松　陈珂宁　李　景　唐程辉

　　　　赵　铮　胡　源　宋海云　武泽辰　张晓萱

　　　　范孟华　高国伟　廖建辉　徐　杨　宋海旭

　　　　梁　才　赵　天　张笑峰　林晓斌　冯昕欣

　　　　李　睿

前　言

国网能源研究院多年来紧密跟踪国外电力市场化改革最新动态、重大事件和相关政策措施等，形成年度系列分析报告，为政府部门、电力企业和社会各界提供了有价值的决策参考和信息。

电力行业的市场化改革是我国全面深化改革的重要组成部分。当前，我国新一轮电力体制改革已进入落地实施的关键阶段，我国正在加快构建有序竞争的电力市场体系，形成主要由市场决定能源价格的机制，发挥市场在资源配置中的决定性作用。持续跟踪分析国内外电力市场化改革的最新进展和趋势，加强相关研究，剖析改革热点问题，可以为我国拟定改革方案和路线图、优化改革措施起到重要的借鉴作用。

本报告主要是对 2017 年国内外电力市场化改革的最新动态进行跟踪，并对改革相关事件进行深入分析，提出对我国电力改革的启示和建议。为了对我国进一步深化电力体制改革和建设电力市场提供借鉴，本报告还针对国外电力辅助服务市场模式和可再生能源配额制进行了专题研究，总结了各种模式的特点，并选取典型模式进行了分析。

本报告共分为 11 章。第 1～7 章分别针对美国、加拿大、欧盟、英国、日本、澳大利亚与新西兰、印度，从政策法规、电力发展、市场概况、电力价格等方面的新进展和相关事件进行分析；第 8 章对新一轮电力体制改革的最新政策要求、实施情况、重点问题进行了深入分析和研究；第 9 章对国外电力辅助服务市场模式进行了研究和分析；第 10 章对国外可再生能源配额制的实践经验进行了总结和梳理；第 11 章基于对国外电力市场化改革相关经验的总结，分析了对我国深化电力改革的有益启示，提出了我国进一步深化电力改革的相关建议。

本报告概述、美国电力市场进展概况和美国推动储能参与电力市场政策分析部分由曲昊源主笔，美国发电机组搁浅成本处理方式分析部分由美国可再生能源实验室（National Renewable Energy Laboratory，NREL）David J. Hurlbut 博士主笔，唐程辉、曲昊源编译；加拿大电力市场部分由赵铮主笔；欧盟电力市场部分由陈珂宁主笔；英国电力市场部分由李景主笔；日本电力市场部分由杨素、武泽辰主笔；澳大利亚与新西兰电力市场部分由胡源主笔；印度电力市场部分由宋海云主笔；中国电力市场化改革部分由薛松、曲昊源、胡源、武泽辰主笔；国外电力辅助服务市场模式研究由曲昊源、唐程辉、赵铮主笔；国外可再生能源配额制研究由唐程辉、张凡主笔；对我国进一步深化电力改革的启示和建议部分由张凡、曲昊源主笔；全书由马莉、曲昊源统稿，张晓萱、张凡校核。

在本报告的编写过程中，得到了美国可再生能源实验室有关专家，以及国家电网有限公司体制改革办公室、发展部、营销部、国家电力调度控制中心、北京电力交易中心等部门的大力支持，在此表示衷心感谢！

限于作者水平，虽然对书稿进行了反复研究推敲，但难免仍会存在疏漏与不足之处，恳请读者批评指正！

编著者

2018 年 10 月

缩 写 词 表

缩写	全称	中文
ACER	Agency for the Cooperation of Energy Regulators	欧洲能源监管合作机构
ACS	Average Cost of Supply	平均供应成本
AEMC	Australian Energy Market Commission	澳大利亚能源市场委员会
AEMO	Australian Energy Market Operator	澳大利亚能源市场运营机构
AER	Australian Energy Regulator	澳大利亚能源监管机构
APPA	American Public Power Association	美国公共电力协会
APX	Amsterdam Power Exchange	阿姆斯特丹电力交易所
ARR	Average Revenue Realized	平均收入
AT& C	Aggregate Technical and Commercial	综合技术经济
BETTA	British Electricity Trading and Transmission Arrangement	英国电力交易与输电制度
BMU	Balancing Mechanism Unit	平衡单元
CAISO	California ISO	加州电力市场运营机构
CAISO NP 15	CAISO North Path 15	加州北通道 15 电网
CAISO SP 15	CAISO South Path 15	加州南通道 15 电网
CEA	Central Electricity Authority	（印度）中央电力管理局
CEER	Council of European Energy Regulators	欧洲能源监管委员会
CERC	Central Electricity Regulatory Commission	（印度）中央电力监管委员会
CfD	Contract for Difference	差价合约

缩写	全称	中文
COAG	Council of Australian Governments	澳大利亚政府理事会
CP	Capacity Resource	容量电源
CPP	Clean Power Plan	清洁电力计划
CTS	Coordinated Transaction Scheduling	交易调度协作
DECC	Department of Energy & Climate Change	（英国）能源与气候变化部
DISCOM	Distribution Companies	（印度）配电公司
DNO	Distributed Network Operator	配网运营机构
DOE	Department of Energy	（美国）能源部
DSM	Deviation Settlement Mechanism	偏差结算机制
DT	Distribution Transformer	配电变压器
EA	Electricity Authority	（新西兰）电力管理局
EC	Energy Council	（澳大利亚）能源理事会
ECA	Energy Consumers Australia	澳大利亚能源消费者委员会
ECNZ	New Zealand Electricity Corporation	新西兰电力公司
EDF	Électricité de France	法国电力公司
EDP	Energias de Portugal	葡萄牙能源公司
EEPS	Energy Efficiency Portfolio or Resource Standards	能效配额制和资源标准
EIA	Energy Information Administration	（美国）能源信息署
EIM	Energy Imbalance Market	（美国西部）能量平衡市场
EIRA	Electricity Industry Reform Act 1998	（新西兰）《电力行业改革法案 1998》
EnBW	Energie Baden - Württemberg AG	巴登-符腾堡能源公司
ENTSO - E	European Network of Transmission System Operators for Electricity	欧洲输电网运营商网络组织

缩写	全称	中文
ESCJ	Electric Power System Council of Japan	日本电力系统利用协会
ERCOT	Electric Reliability Council of Texas	得州电力可靠性委员会
ERDF	électricité réseau distribution France	法国配电网公司
ETS	Emission Trading Scheme	碳排放交易计划
EWEA	European Wind Energy Association	欧洲风能协会
FERC	Federal Energy Regulation Commission	（美国）联邦能源监管委员会
FiT	Feed－in Tariff	可再生能源固定价格收购制度
FPN	Final Physical Notification	最终合同
GBSO	Great Britain System Operator	英国电网调度中心
GERC	Gujarat Electricity Regulatory Commission	古吉拉特邦监管委员会
GME	Gestore del Mercato Elettrico	意大利电力交易所
GS	Guaranteeing Suppliers	默认供电商
GTMA	Grid Trading Master Agreement	电网交易主要协议
IEA	International Energy Agency	国际能源署
IEX	Indian Energy Exchange	印度能源交易所
IOU	Investor－Owned Utilities	私有电力公司
IPDS	Integrated Power Development Scheme	整合电力发展计划
IPP	Independent Power Producer	独立发电企业
IRP	Integrated Resource Plan	综合资源规划
ISO	Independent System Operator	独立系统运行机构
ISMO	Independent System and Market Operator	独立系统市场运营机构

缩写	全称	中文
ISO‑NE	ISO New England	新英格兰电力市场
ITO	Independent Transmission Operator	独立输电运行机构
ITP	Intergrated Transmission Planning	统一输电规划
JCM	Joint and Common Market	共同的批发电力市场
JEPX	Japan Electric Power Exchange	日本电力批发交易所
LMP	Locational Marginal Price	节点边际电价
LSE	Load Serving Entity	负荷服务商
MBIE	Ministry of Business，Innovation and Employment	（新西兰）统计局与商业、创新和就业部
MCE	Ministerial Council on Energy	（澳大利亚）能源理事会
MCP	Marginal Clearing Price	节点出清价格
MEIT	Ministry of Economy，Trade and Industry	（日本）经济产业省
MISO	Midwest ISO	（美国）中西部电力市场
MMU	Market Monitoring Unit	市场监督部门
MOP	Ministry of Power	（印度）电力部
NECA	National Electricity Code Administrator	（澳大利亚）国家电力规制执行中心
NEM	National Electricity Market	（澳大利亚）国家电力市场
NEMMCO	National Electricity Market Management Company	（澳大利亚）国家电力市场运营商
NERC	North American Electric Reliability Council	北美电力可靠性委员会
NETA	The New Electricity Trading Arrangements	新电力交易制度
NGC	National Grid Company	（英国）国家电网公司

缩写	全称	中文
NPC	National Power Committee	（印度）国家电力委员会
NPEX	National Power Exchange Ltd.	（印度）国家电力交易公司
NWE	North West Europe	西北欧
NWIS	North West Interconnected System	（澳大利亚）西北互联系统
NYISO	New York ISO	纽约电力市场
NZIER	New Zealand Institute of Economic Research	新西兰经济研究所
OFGEM	Office of Gas and Electricity Markets	（英国）天然气和电力市场办公室
OCCTO	Organization for Cross – regional Coordination of Transmission Operators	广域系统运行协调机构
OMEL	Operadora del Mercado Espanol de Electricidad	西班牙电力交易所
ONS	Operador Nacional do Sistema Elétrico	巴西国家电力调度机构
OTC	Over The Counter	场外交易
PEP	Platts Pan – European Power Index	欧盟批发电价指数
PJM	Pennsylvania – New Jersey – Maryland	（美国）PJM 电力市场
PPS	Power Producer&Supplier	特定规模电力企业
PSDF	Power System Development Fund	电力系统发展基金
PTC	Production Tax Credit	联邦产品税收抵免法案
PXIL	Power Exchange India Ltd.	印度电力交易所
REC	Renewable Energy Credit	可再生能源证书
RO	Renewable Obligation	可再生能源义务
RPS	Renewable Portfolio Standard	可再生能源配额制
RTE	Reseau de Transport d'Electricité	法国输电公司

缩写	全称	中文
RTO	Regional Transmission Organization	区域输电组织
RWE	Rheinisch - Westfälisches Elektrizitätswerk AG	莱茵电力股份公司
SCER	Standing Council on Energy and Resources	（澳大利亚）能源资源常务理事会
SEB	State Electricity Board	（印度）邦电力局
SERC	State Electricity Regulatory Commission	（印度）邦电力监管委员会
SMD	Standard Market Design	标准市场设计
SPP	Southwest Power Pool	（美国）西南电力库
SWIS	South West Interconnected System	（澳大利亚）西南互联系统
TSO	Transmission System Operator	输电运行机构
TYNDP	Ten - Year Network Development Plan	（欧盟）十年电网发展规划
UDAY	Ujwal DISCOM Assurance Yojana	印度配电拯救担保计划
WITS	Wholesale Information and Trading System	（新西兰）批发市场信息和交易系统
WSCC	Western Electricity Coordination Council	（美国）西部互联电网
XBID	Cross - Border Intraday Market	欧洲跨境日内市场

目　录

概　　述

（一）2017 年国内外电力市场化改革进展概述

2017 年，全球电气化进程持续加速，可再生能源成为全球能源低碳清洁转型的重要驱动，绿色低碳、清洁高效的发展成为电力增长的主要方式。如何适应能源和电力工业低碳清洁发展的需求成为世界各国电力体制改革和电力市场建设的重点。2017 年，部分国家在市场机制、市场范围、市场监管等方面采取了一些新的举措。

（1）适应能源转型和清洁发展，不断优化市场交易机制，积极探索容量机制。随着可再生能源占比的不断提高与能源结构的低碳清洁化转型，传统电力市场运行面临一定挑战，世界很多国家纷纷对电力批发市场、辅助服务市场进行优化调整，并积极开展容量市场探索。澳大利亚实时电力市场将结算间隔由 30min 缩短为 5min，提高市场价格的时间精度，鼓励发电机组积极响应价格信号参与灵活调节，以适应可再生能源带来的波动性。加拿大阿尔伯塔省政府宣布自 2021 年开始，将本省电力市场由单一能量市场转变为包含能量市场和电力容量市场的新市场。欧盟委员会批准了六国的电力容量机制，以满足高比例可再生能源渗透下电力系统的安全稳定运行需要。

（2）市场范围进一步扩大，逐步形成跨国跨地区大范围资源优化配置平台。为更好地促进可再生能源发展、增加能源供应多样性、保障能源安全，世界很多国家跨区跨国大范围资源配置需求突出，电力市场交易范围持续扩大，形成了大范围资源优化配置平台。美国西部能量平衡市场（EIM）效益显著，市场范围进一步扩大，爱达荷州电力公司（Idaho Power）和加拿大水电公司 BC Hydro 下属跨境交易公司 Powerex 加入该市场。美国西南电力库（SPP）市场范围将扩展至西山电力集团。欧盟正式启动跨境日内电力市场交易，目前已覆盖 11 个国家。

（3）加强监管机制建设，保障市场公平竞争环境。随着电力市场化改革的推进，各国逐渐认识到强有力的监管是电力市场有效竞争的重要保障。近年来，国外电力市场监管机构逐渐加强对电力市场运营及信息披露的监管，并根据市场中出现的问题不断完善监管内容和方法。美国得州电力可靠性委员会（ERCOT）向得州公用事业委员会承认曾违反关于辅助服务市场报价信息披露、为价格接受者计算代理报价曲线、预测辅助服务市场的中期和短期需求等有关规则，并已采取改进措施。英国天然气及电力市场办公室（Ofgem）对英国国家电网输电公司（NGET）为能源批发市场提供不准确信息行为进行了调查。

（4）进一步促进售电侧竞争，提高用户服务质量。 随着能源转型和智能电网建设的推进，放开售电侧市场，赋予用户自由选择权，通过市场手段激励用户侧参与市场的积极性，成为各国电力市场化改革的重要内容。英国 Ofgem 通过采取一系列措施，减少六大能源供应商的市场份额，鼓励更多中小型能源供应商进入售电市场，有效提高了售电市场的活跃度和竞争性。日本自 2016 年售电市场全面放开以来成效显著，售电公司类型多样，为用户提供了丰富的价格套餐，充分焕发出市场活力。澳大利亚能源市场委员会（AEMC）对国家能源零售竞争情况进行评估，发现零售市场存在价格较高、能源服务复杂混乱等现象，导致消费者对能源零售商的满意度降低。

（5）受燃料成本、电力需求增长影响，部分国家批发市场电价略有上涨，可再生能源的参与加剧了批发市场电价波动。 2017 年，全球天然气价格有所上涨，电力需求也随着电动汽车等电气化进程的推进而有所增长，部分国家批发电力市场价格呈现上升趋势。美国各电力市场平均日前边际电价的增长幅度为 $3\%\sim13\%$。由于天然气价格的上升、电动汽车行业发展带动电气需求的增长和天然气发电厂的技术更新等原因，英国国内的天然气发电成本将逐步上升，批发电价也随之上涨。由于夏季负荷供应紧张，澳大利亚昆士兰州和南澳大利亚州在 2017 年 1 月份和 2 月份出现了尖峰电价。受可再生能源接入影响，美国加州电力市场出现负电价的频率升高，而在可再生能源发电低谷时段电价有所升高。

（二）2017 年国内外电力市场化改革相关重要事件

（1）美国。 2017 年 9 月，美国能源部（DOE）提出修改电力批发市场定价机制的规则建议，要求向煤电和核电机组提供全部成本回收，从而保证电力系统的灵活性，该提议遭到美国联邦能源监管委员会（FERC）驳回。2018 年 2 月，美国联邦能源监管委员会正式通过 841 号法案，要求各 ISO/RTO 研究制定储能参与电力市场的模型。2017 年美国接近一半的新增机组容量为可再生能源发电，风电和集中式光伏发电装机分别新增 6.9GW 和 4.9GW。2017 年美国共退役发电机组约 14GW，其中退役的天然气和燃煤装机容量占比超过了 90%。

（2）加拿大。加拿大各省电力工业与电力市场各具特点，以阿尔伯塔省和安大略省最有代表性。加拿大 2/3 的电力供应来自可再生能源，如水电、风电及太阳能发电。阿尔伯塔省政府宣布将自 2021 年开始，将本省电力市场由单一能量市场转变为包含能量市场和电力容量市场的新市场。此外，阿尔伯塔省计划在 2030 年前替换 6.3GW 煤电容量，这一举措将大幅刺激该国天然气和可再生能源市场的发展。由于容量增加和电力需求增长放缓，2017 年阿尔伯塔省的电力价格达到了 2000 年市场放松管制以来的最低水平。

（3）欧盟。2017 年 6 月，欧盟委员会召开了促进欧洲清洁发展会议，旨在确立清洁能源一揽子计划为未来欧盟能源委员会的首要议程。2017 年，欧洲理事会就其内部市场的三个关键领域达成一项共识：建立一个现代电力市场、一个充满竞争以及消费者导向的内部电力市场、促进可再生能源的利用。欧盟委员会批准了比利时、法国、德国、希腊、意大利和波兰的电力容量机制，在保持市场竞争的前提下保障电力供应安全。欧洲跨境日内电力交易及十项试点项目于 2018 年 3 月正式上线。

（4）英国。2017 年 6 月，英国 Ofgem 决定削减部分小型嵌入式发电机组在高峰时段的发电补贴。2017 年 8 月，Ofgem 宣布对英国国内配电网运营商削减 2 亿英镑的补贴，以敦促运营商执行更为严格的输配电价格控制措施，从而为消费者提供更经济的供电服务。Ofgem 发布年度市场形势报告指出，自 2012 年以来英国一直致力于强化能源供应商之间的竞争，减少 6 家能源供应商的市场份额，让消费者从中获益。

（5）日本。2017年4月，日本施行可再生能源上网电价（FiT）调整的法律修正案，确定了2017年度以后的可再生能源收购价格机制，新引入了竞标制度和降价时间表。2017年9月，日本原子能委员会发布《核能白皮书》，说明了政府清理受损核电站和加强安全标准的情况，并呼吁继续将核能作为国家能源供应的关键组成部分。自2016年4月售电侧全面放开以来，日本批发电力交易所交易量大增，日交易量超过1亿kW·h的天数较往年大幅提高，2017年7月6日创下约1.4亿kW·h的最高纪录。日本售电市场竞争激烈，截至2017年9月11日，日本共有418家售电公司获批成立，日本售电公司类型多样，为用户提供了丰富的价格套餐。

（6）澳大利亚与新西兰。2017年9月，澳大利亚能源市场委员会（AEMC）决定目前暂不将电力系统惯性辅助服务引入电力辅助服务市场中，但将继续对频率控制方案进行审查，评估惯性辅助服务市场机制在未来的可行性。2017年10月，AEMC在国家零售能源竞争评估中发现，由于价格较高、能源服务复杂混乱，消费者对能源零售商的满意度降低。大量用户开始使用自家屋顶太阳能发电，以降低其能源费用。AEMC要求电力零售商改变其定价行为和产品类型，并提供能够让消费者更容易理解的套餐。2017年11月，澳大利亚对电力市场规则进行了修改，将实时市场财务结算的时间间隔调整为5min。

（7）印度。2017年12月，印度中央电力监管委员会发布《跨邦输电费用和损失共享条例》（第五修正案）。近几年随着电力的快速发展，印度的电能供需缺口和高峰时段的电力缺口开始呈现下降趋势，电力供需形势已在近几年有所好转。根据CEA的负荷平衡报告预测，2017—2018年印度的电量需求为1 229 661MW·h，可用电量为1 337 828MW·h，电量盈余为8.8%；高峰时段的电力需求为169 130MW，电力供应为180 601MW，电力盈余为6.8%。

1

美国电力市场化改革最新进展

美国电力市场化改革的主要历程

1947—1970 年 美国电力发展黄金时期。1965 年形成部分跨区电网，1968 年成立北美电力可靠性委员会（NERC）。

1970—1984 年 美国电力工业黄金时代结束。1978 年出台《公共事业管制政策法案》，并成立联邦能源监管委员会（FERC）。

1992 年 美国出台《能源政策法案》，美国电力市场启动。

1996 年 FERC 颁布 888 号和 889 号法案，要求电力公司开放输电网。

1999 年 FERC 颁布 2000 号法案，要求建立区域输电组织（RTO），并规定了区域输电组织的职能。

2002 年 FERC 提出并推行标准市场模式（SMD）和输电服务规则。

2005 年 美国出台 2005 年新能源法案；FERC 宣布终止标准市场模式（SMD）的推行。

2009 年 奥巴马政府推动《美国清洁能源与安全法案》。

2011 年 FERC 改革输电规划和输电成本分摊。

2014 年 奥巴马政府推动《清洁电力计划》。

2015—2016 年 《清洁电力计划》（CPP）正式公布，但 11 月份遭到国会否决，随后奥巴马行使了总统搁置否决权。2016 年 2 月，美国最高法院裁定暂缓实行 CPP。

2017 年 特朗普宣布废除奥巴马的"气候行动计划"，同时颁布《美国第一能源计划》，将大力发展美国本土的页岩油气和清洁煤技术。

2018 年 FERC 通过 841 号法案，要求各电力市场（ISO/RTO）制定储能参与电力市场的模型。

美国从 1992 年开始进行电力市场化改革，由于美国各州的政策独立性以及经济、电力发展的差异性，各州电力市场化改革进度均不相同。由于美国以私有化为基础，仅少数州将发电资产分离，大部分州还保持原有的产权形式，仍然存在大量发输配售垂直一体化的电力公司，但同一公司内部的不同业务分环节独立核算。目前，美国已经建立 7 个有组织的区域电力批发市场（由 ISO 或 RTO 运营），覆盖了 31 个州。其中，加利福尼亚、得克萨斯、伊利诺伊、密歇根、俄亥俄、宾夕法尼亚、纽约、马里兰、新泽西等 15 个州同时进行售电侧改革，允许终端用户自由选择供电商进行购电，其余 8 个州仅开展批发侧竞争。此外，内华达、俄勒冈、蒙塔纳 3 个州已进行售电侧改革，但尚未建立电力批发市场。

1.1 美国电力市场化改革最新进展概况

1.1.1 政策法规

美国能源部（DOE）提出修改电力批发市场定价机制以满足电力系统的可靠性和弹性，但遭到驳回。 美国能源部认为，市场化改革导致大量煤电和核电机组退役，使电网运行的可靠性受到一定威胁。为此，美国能源部部长里克·佩里于 2017 年 9 月向美国联邦能源监管委员会（FERC）提出修改电力批发市场定价机制的规则建议，要求向拥有 90 天发电燃料储备的发电机组提供全部成本回收，从而保证电力系统的灵活性。2018 年 1 月，FERC 表示将不支持这一规则建议，并将终止这一流程。FERC 认为当前竞争性电力市场（ISO/RTO）的价格机制符合《联邦电力法案》中"公平、合理"的原则，如果直接保证煤电和核电机组的成本回收，对其他类型的机组是不公平的。

美国联邦能源监管委员会（FERC）颁布 841 号法案，要求各 RTO/ISO 为储能参与电力批发市场制定模型。 2018 年 2 月，美国联邦能源监管委员会正式通过 841 号法案，要求各 ISO/RTO 研究制定储能参与电力市场的模型。具体内容包括：一是允许储能参与电能、辅助服务与容量市场交易；二是参与市场的储能可以作为电源或负荷被调度，同时购售电价以市场边际出清价格为准；三是储能参与市场模型需考虑储能的技术与物理特性；四是储能参与市场的容量准入门槛应不超过 100kW。

美国联邦能源监管委员会（FERC）禁止各州阻碍能效技术参与电力市场竞争。2017 年 12 月，美国联邦能源监管委员会正式颁布指令，禁止各州能源监管机构在未征求 FERC 同意的前提下擅自阻碍需求侧管理等能效技术参与区域电力市场，要求各电力市场保障自由而开放的竞争环境。在当前用电量增速放缓的形势下，部分公用事业公司准备减少在负荷管理上的花费，而这一指令的颁布则有效刺激了需求侧管理技术的发展。

1.1.2 电力发展

（一）电源建设

截至 2018 年 6 月，美国发电装机容量 1101.6GW❶。其中：天然气发电装机 459.9GW，占 41.75%；燃煤发电装机 250.4GW，占 22.73%；水电装机 80.0GW，占 7.26%；风电装机 88.6GW，占比 8.04%；太阳能装机❷ 45.7GW，占 4.15%；生物质、地热等其他可再生能源发电装机 16.5GW，占 1.49%；核能装机 99.6GW，占 9.05%；抽水蓄能及其他储能电站装机 23.6GW，占 2.14%；其他装机❸ 37.4GW，占 3.39%。

2017 年美国新增发电机组装机容量稍少于 2016 年，约为 24GW。其中，天然气发电新增 11.8GW，占 48.91%；风电装机新增 6.9GW，占 28.52%；集中式光伏发电新增 4.9GW，占 20.20%。从 2008 年至 2017 年，美国新增发

---

❶ 数据来源：EIA 2018 年 6 月发布的电力信息月报（Electric Power Monthly）。
❷ 含集中式光伏、分布式光伏、太阳能光热等。
❸ 主要包括石油及其他化石燃料发电。

电机组装机容量 227.0GW，其中近 3/4 来源于天然气发电和风电，另外有 21‰ 来自燃煤发电和太阳能发电。2008－2017 年美国不同电源类型的装机容量新增情况见表 1-1。

表 1-1　　　　　2008－2017 年美国各类电源装机容量新增情况

电源类型	新增装机容量（GW）	所占比例（%）
天然气发电	93.9	41.38
风力发电	72.7	32.01
太阳能发电	29.8	13.13
燃煤发电	18.5	8.16
水力发电	2.0	0.88
核能发电	1.3	0.56
其他	8.8	3.88
合计	227.0	100.00

2017 年美国共退役发电机组约 14GW，其中退役的天然气和燃煤装机容量占比超过了 90%。2017 年退役发电机组情况见表 1-2。2008 年至 2017 年间美国退役的发电机组中，燃煤机组和天然气机组的容量分别占 47% 和 26%，预计到 2020 年，退役发电机组仍将以燃煤和天然气机组为主，如图 1-1 所示。

表 1-2　　　　　2017 年美国退役机组装机容量情况

电源类型	退役机组装机容量（MW）	所占比例（%）
天然气发电	5715.8	41.0
燃煤发电	6993.8	50.2
燃油发电	880.6	6.3
水力发电	118.3	0.8
风力发电	43.8	0.3
其他	188.5	1.4
合计	13 940.8	100.0

数据来源：美国公用电力协会 APPA。

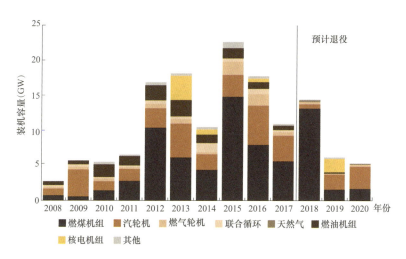

图 1-1 美国 2008—2020 年淘汰机组情况

资料来源：美国能源信息署 EIA。

（二）电网建设

2017 年美国累计建成输配电线路 560km，同比下降 50%。其中，230kV 及以下输电线路 311km，345kV 输电线路 249km。预计到 2019 年底，还将新增输电线路 6406km，其中 230kV 及以下输电线路 2213km，345kV 输电线路 3560km，500kV 及以上输电线路 633km。

近年来美国主要公用事业公司❶在输配电基础设施方面的投资持续增长，如图 1-2 所示，由 1996 年的 30 亿美元增长至 2016 年的 210 亿美元。根据美国能源信息署（EIA）和爱迪生电气学院（EEI）统计分析，2017 年，该部分支出大约在 225 亿美元左右。预计在未来几年内，美国输电网基础设施建设投资还将保持在较高水平，主要原因包括更新和升级老化的输电设施、提升系统弹性以减轻自然灾害带来的损失、扩大输电网互联范围以适应可再生能源并网等。

美国中西部电力市场运营机构 MISO 计划斥资 66 亿美元建设 17 条输电线路，以提高系统稳定性并适应更多可再生能源（以风电和加拿大水电为主）并

---

❶ 覆盖美国 70% 以上的电力用户。

网的需要。截至 2018 年 2 月，5 条线路已经竣工，9 条线路正在建设，其余项目正在审批中。

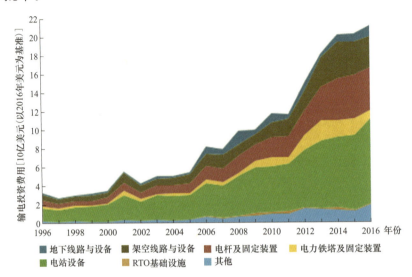

图 1-2　1996—2016 年美国主要公用事业公司输电投资费用❶

美国太平洋电力公司（Pacifi Corp）发起 Energy Gateway 项目，计划在西部地区斥资 60 亿美元新建 3200km 的输电线路，以适应区域负荷的增长和可再生能源接网需求。截至 2017 年底，在建输电线路已达到 652km。

美国亚利桑那州和新墨西哥州跨州输电线路工程 SunZia 项目于 2018 年开工。该项目长度为 829km，电压等级为 500kV，预计将于 2020 年竣工。

（三）电力供需

2017 年美国发电量为 4014.8TW·h，较 2016 年（4079.1TW·h）减少 1.6%。天然气发电量继续位列第一位，达到 1272.9TW·h，占 31.7%；燃煤发电量为 1207.9TW·h，占 30.1%；核能发电量位居第三，占 20.0%；风电、太阳能发电、生物质发电等可再生能源发电量占 9.6%；水电机组发电量占 7.5%；其他机组发电量占 1.0%。

2017 年美国用电量为 3682.0TW·h，与 2016 年相比少了 80.5TW·h。分部

---

❶　资料来源：美国能源信息署 EIA。

门来看，居民用电小幅下降，占 37.4%；商业用电小幅下降，占 36.6%；工业用电下降了 3.10%，占 25.7%；交通部门用电上升 0.36%，占总用电量的 0.2%。2017 年美国分部门电力消费情况见表 1-3。

表 1-3 　　　　　　2017 年美国分部门电力消费情况 　　　　　TW·h

部门	2017 年	2016 年	增长率（%）
居民	1378.8	1411.1	−2.28
商业	1349.2	1367.2	−1.32
工业	946.4	976.71	−3.10
交通	7.52	7.50	0.36
合计	3682.0	3762.5	−2.14

1.1.3　市场概况

（一）电力市场结构

美国电力市场的一个显著特点就是市场主体多元化，市场份额比较分散。美国有 3300 多家公用电力公司，包括 9 家联邦所属电力公司（占 0.3%）、2012 家市属电力公司（占 60%）、187 家私有电力公司（占 6%）、876 家农村电力合作社（占 26%）以及 218 家电力经销商（占 9%）。除此之外，还有 1740 多家的独立发电商、热电联产电厂及其他许可的发电商。

美国输电线路拥有权也非常分散，大约 2/3 电网为垂直一体化的公用电力公司所有，其他为众多的联邦政府机构（如田纳西水电局）、市政电力公司和农村电力合作社拥有，此外还有一些赢利性的电网经营企业。由于输电资产分散，难以强迫私企进行输电业务的集中整合，美国选择成立独立系统调度运行机构（ISO/RTO）的方式，将相邻区域内所有输电线路的调度管理权集中授权给独立的区域调度机构，以保障系统运行安全和促进更大范围的交易。

2017 年 8 月，美国桑普拉能源公司（Sempra Energy）提出以 93 亿美元的

13

价格收购得州最大输电公司 Oncor Electric Delivery Co.。Oncor 的母公司是破产的能源未来控股公司（Energy Future Holdings Corp.）。该笔交易于 2018 年 3 月以 94.5 亿美元的价格达成。

2017 年 11 月，美国得州最大发电商、电力零售商 Vistra Energy 与同业者戴纳基（Dynegy）达成合并意向，前者将斥资 17.4 亿美元全股收购戴纳基。该笔收购已于 2018 年 4 月完成。将戴纳基收归麾下后，Vistra Energy 不仅进一步壮大发电业务规模，还将涉足得州之外的电力市场。新公司包括债务在内市值将超过 200 亿美元，整合后的发电资产和零售业务将遍布美国 6 大电力市场。

（二）电力市场建设

电力批发市场交易机制逐渐完善。2017 年 11 月，CAISO 计划开发 5min、15min 和日前三种灵活性容量交易品种，从而帮助电网运营商应对不断增长的可再生能源发电所带来的系统运行问题。2018 年 4 月，PJM 向 FERC 提交建议书，提出了两种可供选择的解决发电补贴问题的方法：一是进行两阶段的容量拍卖，在第二阶段对补贴重新定价；二是修改最低报价规则，增加所涵盖的电源类型，缓解发电补贴对批发电价的影响。

部分电力批发市场优化调整容量市场设计。2017 年 4 月，ISO-NE 提出两部分容量拍卖以解决发电补贴问题，调整后的远期容量拍卖市场将分为两个阶段进行：第一阶段为主要拍卖，仍根据现行规则进行；第二阶段为替代拍卖，即一个新的自愿参与的二级市场。该项提议已被 FERC 审议通过。

有组织的区域市场范围持续扩大。据统计，美国西部能量平衡市场自 2014 年 11 月运行以来为市场成员带来的总收益高达 4 亿美元。2018 年 4 月，爱达荷州电力公司（Idaho Power）和加拿大水电公司 BC Hydro 下属跨境交易公司 Powerex 成功加入美国西部不平衡市场，进一步扩大北美西部地区可再生能源电力交易范围。2017 年 1 月，西山电力集团（Mountain West Transmission Group）宣布将加入西南电力库（SPP），有关事宜正在积极推进中。

进一步加强电力市场信息披露监管。2017 年 12 月，ERCOT 承认其违反了得州公用事业委员会关于辅助服务市场报价信息披露、为价格接受者计算代理报价曲线、预测辅助服务市场的中期和短期需求等有关规则，并表示已采取相关改进措施。2017 年 12 月，美国公用电力协会（APPA）、爱迪生电气学院（EEI）、国家农村电力合作协会（NRECA）联合向 FERC 提议重新审查关键基础设施的信息披露政策，认为目前所提交的关键基础设施信息中包括输电线路规划、线路拓扑结构、未来输电系统运营评估等一系列敏感信息，这些信息必须得到充分的保护。

1.1.4　电力价格

（一）批发电价

2017 年美国的批发电价相对于 2016 年有所上涨，具体见表 1 - 4。2017 年，美国各主要电力市场枢纽节点的平均日前边际电价增长幅度为 3％～13％，主要受天然气价格上涨的驱动。在西南电力库（SPP）和 PJM，平均日前边际电价增长了约 3.5％。而在新英格兰 ISO 地区、纽约 ISO 地区和 MISO 地区，平均日前边际电价增长了 5.4％～7.2％。加州 ISO 地区（CAISO）涨幅最大，达到了 13％。

可再生能源的发展也对美国批发电价有着不可忽略的影响。以加州地区为例，随着当地太阳能光伏发电比例的提高，在 2017 年 1 月到 6 月期间，加州电力市场在中午时段有超过 50 个小时的边际电价为负值。与此同时，在当天晚 8点时间段，加州电力市场的边际电价超过了 60 美元/（MW·h）。

表 1 - 4　　　　　　　　　2017 年美国批发电力市场价格情况

枢纽节点	2017 年平均现货价格 ［美元/（MW·h）］	与 2016 年相比变化 （％）
纽约 ISO ZJ	39.11	＋10
新英格兰 ISO	37.64	＋6
PJM 西部	34.32	－1
印第安纳	34.31	＋2

续表

枢纽节点	2017 年平均现货价格 ［美元/（MW·h）］	与 2016 年相比变化 （%）
西南电力库	30.55	＋7
得州 ERCOT 北部	26.46	＋2
加州 ISO NP15	38.06	＋20
Palo VERde	32.75	＋28
哥伦比亚中部	26.14	＋15
南部	29.74	＋9

（二）零售电价

2017 年全国平均零售电价为 10.54 美分/（kW·h），较 2016 年提升 0.27 美分/（kW·h）。其中，居民、商业、工业和交通部门零售电价分别为 12.90、10.68、6.91、9.67 美分/（kW·h）。四类电价较 2016 年均有提升，具体见表 1-5。

表 1-5　　　　　2017、2016 年美国平均零售电价　　　美分/（kW·h）

部门	2017 年	2016 年	增长率（%）
居民	12.90	12.55	＋2.8
商业	10.68	10.43	＋2.4
工业	6.91	6.76	＋2.2
交通	9.67	9.63	＋0.4
合计	10.54	10.27	＋2.6

自 1997 年以来，全国平均零售电价均有所上涨，而实施售电侧改革的州（以下简称"改革州"）的平均零售电价普遍高于未实施售电侧改革的州（以下简称"管制州"）。1997 年，改革州与管制州的平均价差为 2.3 美分/（kW·h），而 20 年后，这一价差缩小至 2.2 美分/（kW·h），如图 1-3 所示。

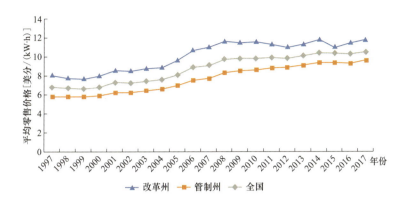

图 1-3　1997—2017 年改革州与管制州平均零售价格对比情况

1.2　美国电力市场化改革相关事件分析——美国发电机组搁浅成本处理方式分析

搁浅成本指由于政府电力工业规制政策改变（从规制到放松规制）所引起的电力企业损失。搁浅成本处理不当，将会引发就业、社会问题，在电力市场建设初期必须予以关注。在过去的十年中，美国传统火电机组和核电机组的淘汰速度加快。这种淘汰导致在电厂关闭后仍然存在一笔需要回收和处理的搁浅成本费用。

从图 1-4 中可以看出，自 2010 年以来煤电机组占美国所淘汰的电厂容量的一半。一般来说，美国的煤电机组在淘汰时通常已经运行了超过 50 年。这意味着大部分投资成本已被收回，需要处理的搁浅成本相对较低。尽管如此，还是有超过 4GW 的燃煤电厂在淘汰时只运行了不到 30 年，需要对其尚未回收的搁浅成本进行处理。

从投资方式来看，美国主要有两类发电企业，一是由受监管的公用事业公司投资运营的发电厂，二是独立的商业发电企业。这两类发电企业的搁浅成本处置方式不同，下面逐一进行分析。

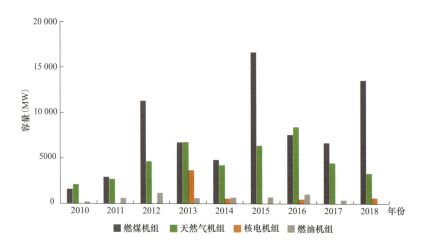

图 1-4　美国 2010—2018 年淘汰机组情况

1.2.1　公用事业企业的搁浅成本处理方式

美国受管制的公用事业企业通过费率基准调整机制收回搁浅的投资成本。电厂成本和收入示意图如图 1-5 所示。由于公用事业企业是在一种无竞争的垄断环境下运营，与公众保持一种特殊的关系，使其能够将搁浅成本转移至零售用户。

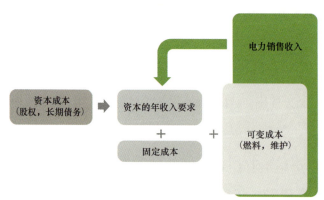

图 1-5　电厂成本和收入示意图

费率基础包括公用事业企业的所有投资成本，如发电、输电线路、配电系统等经济寿命较长的资产。公用事业企业通过股权融资、长期债券融资等方式进行融资，而通过用户支付的费率回收该成本。由于公用事业企业为其服务范围内的用户提供垄断的业务，其向用户收取的费率需要由监管机构指定。费率制定的一个重要考虑因素是决定是否可以在现有费率基础上增加新的发电厂。公用事业企业必须向监管机构公开证明新建发电厂对用户的价值与利益。如果监管机构同意，发电厂的投资成本将被添加到公用事业企业的费率基础上。

发电厂的运营成本（主要是燃料和维护费用）将在费率基础之外单独向用户收取。这意味着，当发电厂关闭时，用户立即停止支付发电厂运营费用，但继续支付仍然保留在费率基础中的部分投资成本。

将一部分投资成本保留在费率基础中可以在经济上将一个尚未淘汰的电厂进行闲置。例如，如果公用事业企业认为某电厂即使不常规运行也可以作为备用容量为系统提供可靠性，可以向监管机构提供系统容量裕度等指标作为支持性证据。如果监管机构同意将该电厂剩余的投资成本保留在费率基础中，那么即使发电厂没有发电，也不存在无法回收投资成本的财务风险。

如果公用事业企业决定淘汰一座发电厂，监管机构会决定保留在费率基础中的搁浅成本比例，剩余未保留的部分则由公用事业企业自行承担。监管机构评估的一个重要因素是公用事业企业是否谨慎地处理导致发电厂淘汰的外部因素，而谨慎决定所涉及的费用通常可以保留在费用基础上。如果监管机构发现公用事业企业对电厂的运营存在不合理的因素，则会从费率基础中去除一些尚未回收的投资成本。这种情况包括设计与建设不良、运行和维护不当以及可以预见的影响发电厂运营及经济效益的事件。

监管机构也可能考虑公众利益的问题。例如，内华达州法律规定减少发电产生的碳排放量，因此该法律允许公用事业企业根据监管批准的减排计划淘汰煤电机组，并准许被淘汰的煤电厂回收其"所有公平合理的成本"。

1.2.2 独立商业发电公司的搁浅成本处理方式

与受监管的公用事业企业不同，独立商业发电公司对搁浅成本没有财务支持。当它淘汰一个煤电机组时，该公司的私人投资者将直接承担与搁浅成本价值相关的损失。由于缺乏监管保护，独立商业发电公司淘汰煤电机组的速度通常比受监管的公用事业企业更快。如果电力批发市场价格一直低于发电机组的发电成本，那么该商业发电公司就面临财务压力，要从其投资组合中去除这种表现不佳的资产，即对该资产的搁浅成本进行勾销。

（一）搁浅成本处理方式

对于独立商业发电公司的所有者而言，勾销搁浅成本的决定通常来源于减值分析，即对发电机组作为投资资产的价值与未来可能获得的净收入进行比较。发电厂的净收入是其运行成本与向电网输送电力所收取的价格之间的差额。理想情况下，净收入应足够大，使其能够回收发电机组的长期投资成本并向股东提供一定的回报。

减值分析主要比较发电机组在剩余经济寿命中的公平市场价值（Fair Market Value）与经济收益。公平市场价值是指在正常市场条件下出售资产的价值，并随着资产老化和贬值而下降。如果由于市场情况发生变化或者其他不可预见的因素影响到资产的经济价值，独立商业发电公司可能会决定用发电机组的公平市场价值减去损失的值来替代发电机组的公平市场价值。

例如，在 2017 年末和 2018 年初，美国 Luminant 公司淘汰了三座大型燃煤发电厂，总装机容量共计 4273MW，见表 1‐6。该公司表示，考虑到当前的市场情况以及煤电机组运营所产生的环境成本，这些发电机组预计是"不经济的"。三年前，该公司通过跟踪预测电力批发市场价格、燃料价格以及发电机组的运营费用，认为这些发电机组在其剩余生命周期内的运营亏损将超过 72 亿美元（458 亿元人民币），相当于每千瓦 1077 美元（人民币 7049 元）。此后，该公司开始对这部分亏损进行减值处理，主要是对公司 2014 年和 2015 年的净收入进行相应的扣除，到 2018 年发电机组停运时，公司已经完成了对发电机组亏损值的财务调整，使其停运时的搁浅成本变小了许多。

表 1 - 6　　　　　　　　　　美国 Luminant 公司淘汰煤电机组情况

机组名称	运行容量（MW）	服役年限
Big Brown 1 号机组	606	46
Big Brown 2 号机组	602	47
Monticello 1 号机组	535	40
Monticello 2 号机组	535	41
Monticello 3 号机组	795	44
Sandow 4 号机组	600	39
Sandow 5 号机组	600	8
合计	4273	

（二）搁浅成本处理对公司经营的影响

淘汰发电机组对公司财务状况的影响取决于其剩余资产的规模和多样性。大型商业发电公司通常拥有大量不同的发电资产。就 Luminant 公司及其母公司 Vistra Energy 而言，被淘汰煤电机组容量占其所有发电容量的 13％ 左右。通过在两年内对整个企业的利润进行调整，该公司迅速消除了搁浅成本，并因此能够继续以更高性能的发电资产运营。在淘汰煤电机组后，Vistra Energy 公司的股票市值增加了将近 25％，而金融评级机构穆迪将公司的前景从"稳定"增高至"积极"。

搁浅成本也可能导致公司战略的变化。例如，2016 年，美国 First Energy 公司为其所属的多个燃煤机组和其他长期资产减值了 92 亿美元（人民币 587 亿元）。这是 First Energy 公司退出商业发电业务并专注于受监管的公用事业业务的战略的一部分。

（三）搁浅成本处理对电力用户的影响

由于这些搁浅成本直接由私营公司承担，因此不会将搁浅成本直接转嫁给电力用户。公司的股东和公司自身将直接承担股息分红和留存收益减少的影响。

由于批发市场价格受多种因素共同影响，因此难以直接区分机组退役对于市场价格的影响。当系统充裕度不足时，机组退役在一定程度上会导致市场价格上涨。此时，竞争性批发市场将通过价格飙升的方式做出反应，这些价格信号将成为私营发电公司进行发电容量投资的动力。

图 1-6 显示了 2017 年与 2018 年 ERCOT 电力批发市场月平均价格。2018年 1 月，Luminant 公司共有 3.1GW 煤电机组退役，加之天然气（得州市场主要的发电燃料）价格上涨❶，电力批发市场价格升高。此后，电力价格和天然气价格都恢复到煤电机组退役前的水平，并且在 3 月份 Luminant 公司再次退役 1.2GW 煤电机组时基本保持不变。

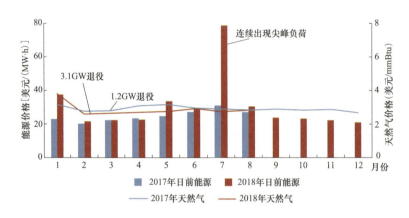

图 1-6　ERCOT 的日前批发能源价格和天然气价格（月平均值）

2018 年 7 月，ERCOT 系统负荷在几日内达到历史最高水平，电力市场价格大幅上涨。7 月 17—26 日的平均价格接近 173 美元/（MW·h），而该月剩余时间的平均价格仅为 34 美元/（MW·h）。在此期间，天然气价格保持较低水平。这表明煤电机组退役和高系统负荷两个因素共同作用导致市场价格上涨。由于系统负荷的下降，批发市场价格在 8 月回到 2017 年水平附近。

市场尖峰电价的影响一般很难直接传导给电力用户，且相对滞后。这主要是由于电力零售商通常通过长期合同向电力用户供电，针对批发市场尖峰电价能够采取一些对冲手段规避风险。得州电力用户在 2018 年上半年并没有直接看

---

❶　通常发生在 12 月、1 月左右。

到批发市场对零售价格的影响。总体而言，2018 年零售价格比去年同期高出 2%，与整个美国在此期间的通货膨胀率大致相同。

1.2.3 电厂人员就业问题处理方式

除了经济影响以外，发电机组的退役也会为当地带来较大的社会影响，主要是电厂人员的就业问题。因此，搁浅成本的处理应包括缓解当地就业影响的计划。在美国，退役燃煤电厂的就业帮扶计划通常由联邦政府、当地政府和发电企业共同完成，主要处理方式包括员工离职金和提前退休金等现金补助，以及减少当地对单一雇主依赖的经济发展规划。

在劳动力调整方面，各企业可能采取不同的措施，最佳实践包括：①减缓在其他电厂新雇佣工人的速度；②当一家电厂退役时，将工人重新分配给继续运营的其他电厂；③为距离完全退休资格仅几年的工人提供提前退休奖励；④向不能重新分配岗位或不能提前退休的年轻工人发放遣散费。

此外，政府还可以为因经济形势变化而下岗的工人提供再培训项目。2018 年，美国启动了一项支持地方经济和社会发展的新举措，旨在促进地方经济多样化、创造就业机会、鼓励资本投资和发展劳动力。

1.2.4 美国发电机组搁浅成本处理经验总结

一是尽可能量化搁浅成本的影响。对于私有的发电机组，直接在项目收益中体现搁浅成本的影响是一种非常直观的处理方式。而对于公有和混合所有的发电机组，可以考虑将空气质量、公共健康、就业等影响进行货币化，与项目收益共同反映发电机组搁浅成本的影响，为搁浅成本的处理提供依据。

二是明确搁浅成本的承担主体。美国对受监管的公用事业企业的一般做法是，当州政府（即监管机构）同意建设发电厂，那么该发电厂在退役前未回收的投资成本一般由社会（即用户）承担。这主要是为了尊重州政府、公用事业企业与社会公众之间的隐性社会契约。

三是合理区分机组淘汰原因。美国对公用事业企业搁浅成本的处理方式区分审慎行为和非审慎行为。前者的搁浅成本由社会公众承担，主要指公用事业企业在审慎执行政府建设发电厂命令时所产生的费用。而后者则需要由公用事业企业自行承担，主要包括项目经营管理不善、资源浪费、决策错误等。

四是超前应对搁浅成本问题。美国经验表明，超前对表现不佳的资产进行甄别和预判，在较短的时间内选择合适的处理方式解决未来机组退役时可能产生的搁浅成本问题，对重新恢复乃至提高企业经营状况具有显著的意义。

1.3 美国电力市场化改革相关事件分析——美国推动储能参与电力市场政策分析

2018 年 2 月，美国联邦能源监管委员会（FERC）正式出台 841 号法案。该项政策的出台对推动美国储能行业发展具有重要意义。

1.3.1 政策出台背景

一是近年来美国储能产业发展迅速，部分技术已实现商业化应用。截至 2017 年底，美国共有 23.6GW 的储能设施，其中 94％为抽水蓄能。在非抽蓄储能技术中，电化学储能、蓄热/蓄冷分别占 46.6％、42.5％。近年来，锂离子电池、铅蓄电池等电化学储能技术发展迅速，在用户侧、电网侧等领域已初步实现商业化应用。

二是储能成本不断下降，经济性逐渐增强。GTM Research 分析显示，2015－2016 年间电池储能系统价格下降幅度达到 32％，光伏储能系统价格下降幅度为 24％。预计到 2022 年，电池储能系统价格将以每年 8％速度下降。

三是储能在促进可再生能源消纳、提高电力系统灵活性中发挥重要作用。储能具有响应速度快、控制精度高等特点，能够较好地满足系统灵活性需要，提高可再生能源消纳比例。根据美国可再生能源实验室测算，在 2050 年高比例可再生能源情景下，美国电力系统对储能的需求将增长至 100～152GW。

四是储能参与电力市场的规则与机制尚不完善。由于部分电力市场设计未充分考虑储能特性，储能参与电力市场仍存在一定障碍。市场准入方面，纽约州市场（NYISO）和中西部市场（MISO）仅允许部分储能参与调频市场。交易模式方面，在 PJM 等市场中，小型储能资源仅能通过需求侧响应参与电能交易，难以充分发挥其能够双向调节的技术特点。

1.3.2 政策要求

为推动储能资源全面参与电力市场、进一步促进储能行业发展，美国联邦能源监管委员会（FERC）于 2018 年 2 月 15 日正式出台 841 号法案，明确要求所有电力市场运营机构充分考虑储能资源的物理运行特性，研究制定储能参与电力市场的相关规则，消除储能资源参与市场的障碍。

针对储能参与电力市场的规则制定，FERC 提出四项原则。一是市场准入方面，允许储能资源可以根据其自身资源的技术特点参与电能、辅助服务与容量等不同品种交易。**二是准入门槛方面**，储能参与市场的容量准入门槛应不超过 100kW。**三是报价机制方面**，通过设计不同的报价参数充分考虑储能的技术与物理特性。**四是价格机制方面**，参与市场的储能可以作为电源或负荷被调度，并且购售电价均为批发市场边际出清价格。根据 841 号法案要求，各市场运营机构应在 270 天内（即 2018 年 12 月 3 日之前）提交修订后市场规则，并在其之后一年内实施。

1.3.3 美国储能参与电力市场模式分析

储能资源具有启动时间短、响应速度快、控制精度高、可以双向调节等技术特点，能够快速响应电力市场价格产生的经济信号，通过参与市场化交易为电力系统提供能量和服务，从而获得经济收益。具体来看，储能主要参与辅助服务、电能和容量 3 个品种的交易。

（一）参与辅助服务交易

交易方式： 通过提供快速调频、系统备用、电压调节、黑启动等辅助服务获得相应的经济收益。目前，美国电力市场中储能项目主要通过辅助服务市场获利。

典型案例： 美国 PJM 市场增加了对调频响应速度和精度的绩效补偿后，储能通过提供快速调频、系统备用等辅助服务所获得的收益占其总收益的 82％左右。

竞争力分析： 优势在于能够快速、准确地响应系统调频信号，爬坡速率较高。劣势在于容量电量有限，调频持续时间较短；提供调频服务时充放时间短且次数多，对储能循环寿命及短时功率吞吐能力要求较高。

（二）参与电能交易

交易方式： 通过"低价买入，高价卖出"的方式获得收益；通过提供需求侧响应服务获得补偿收益；通过缓解输电线路阻塞获得补偿收益等。

典型案例： 美国加州 Stem 公司的储能设备通过参加需求侧响应，可以获得需求侧响应补偿、减少高峰负荷少付电费和加州监管机构提供的自发电激励机制三部分收入，使其项目投资回报周期缩短至 3 年。

竞争力分析： 优势在于能够快速响应市场价格信号，利用不同时段的电价差获得收益。劣势在于储能总放电电量和循环效率直接影响收益。

（三）参与容量交易

交易方式： 容量交易通常指为激励发电容量投资、满足系统电源充裕度开展的远期容量拍卖。满足准入条件的储能项目可以通过为系统提供可用容量获得市场化收益。

典型案例： 在美国加州，储能可以参与容量拍卖，每年获利为 35～60 美元/kW。

竞争力分析： 与常规发电机组相比，储能容量和电量均有限，小容量储能在部分市场规则下难以满足性能标准（如在系统尖峰时刻持续供电 3～5h），竞争优势并不明显。

2

加拿大电力市场化改革最新进展

加拿大电力市场化改革主要历程

1995－1996 年　阿尔伯塔省通过了电力工业非管制化的立法，建立了电力库和输电管理机构。

1998 年　安大略省通过了能源竞争法令，取消了安大略省电力公司的垄断特权，将政府所有的安大略水电公司（含发电和输电）拆分为不同的实体。

2001 年　阿尔伯塔省启动了目前的市场结构，并开放零售侧竞争。至此，阿省在发电侧和供电侧都实现了完全开放的竞争，现货市场、期货市场和长期购电合同并存。

2002 年　安大略省正式开放电力市场，允许市场决定电费价格。由于市场不成熟，电费上涨，省政府承受不住压力，年底将零售电价降低并冻结。

2003 年　阿尔伯塔省电力库和独立输电管理机构合并为阿省电力系统运营商（AESO）。

2004 年　安大略省政府设立了电力局（Ontario Power Authority，OPA），专门负责制定电力生产计划、吸引电力投资。

2005 年　安大略省提出住宅和商业用户的价格管制计划，旨在提供稳定且可预测的电价，鼓励节能。

2006 年　阿尔伯塔省提出月度电价由长期合同的电力价格和下个月的市场预测价格共同决定。

2008 年　阿尔伯塔省电力市场引入长期供应充足性指标。

2014 年　阿尔伯塔省提出月度电价完全取决于下一个月的市场预测价格。

2016 年　阿尔伯塔省政府宣布自 2021 年开始，将本省电力市场由单一能量市场转变为包含能量市场和电力容量市场的新市场。

加拿大共有 10 个省和 3 个特区。其中 10 个省发展相对成熟，都有自己的电力市场；另外 3 个特区地广人稀，没有形成略具规模的电力工业。根据加拿大各省的特点，加拿大电力市场大概可以分为三类。**一是以水力发电主导的电力市场**，包括不列颠哥伦比亚（BC）、曼尼托巴（MB）、魁北克（QC）等省份，其特点为发电成本低、以电力出口为主、公有制。**二是改革重组的电力市场**，包括阿尔伯塔（AB）、安大略（ON）等省份，其特点为面临着投资挑战和高昂的发电成本、具有竞争激烈的电力批发市场。**三是传统的电力市场**，包括萨斯喀彻温省（SK）、新斯科舍（NS）等省份，其特点为垂直一体化的公用事业结构和高度依赖化石燃料，导致发电成本较高。

2.1 加拿大电力市场化改革进展概况

2.1.1 政策法规

阿尔伯塔省和安大略省作为加拿大两个最大的竞争性批发市场，在过去的 15 年里出台了多项电力改革政策法规。

（一）安大略省

安大略省位于加拿大东部，是加拿大人口最为稠密的省份。安大略电力部门的重组经历了 4 年的调整期（1998－2002 年）。安大略省电力改革的主要动力是通过引入竞争和私人所有权，使电力行业的投资和支出更为审慎。加拿大安大略省电力改革事记见表 2-1。

表 2-1　　　　　　　　加拿大安大略省电力改革事记

年份	主要电力改革政策
1998	安大略省通过了能源竞争法令，取消了安大略省电力公司的垄断特权，将政府所有的安大略水电公司（含发电和输电）拆分为不同的实体： （1）安大略发电公司（OPG）继承了原有公司的发电资产和直接用户； （2）Hydro One 继承了原有公司的输电和农村配电系统以及服务偏远社区的责任；

续表

年份	主要电力改革政策
1998	（3）独立电力系统运营商（IESO）承担了指导和监管电力市场运营的责任； （4）安大略电力金融公司（OEFC）继承了原有公司的其他资产及债务，并负责管理非公用事业发电协议； （5）电力安全局（Electrical Safety Authority）负责执行相关的监管法令
2001	由布鲁斯私营电力公司通过租用的方式承担安大略水电公司（OPG）八个核电站的运行控制，共 6200MW
2002	5 月 1 日，安大略正式开放电力市场，允许市场决定电费价格，没有实时计量和价格信息。由于市场不成熟以及当年夏天天气酷热，电费为平时正常价的 2 倍或 3 倍
2002	12 月，由于电费上涨，民众怨声载道，省政府承受不住压力，随即取消市场价格机制，将零售电价降低并进行冻结
2004	省政府设立了电力局（Ontario Power Authority，OPA），专门负责制定电力生产计划、吸引电力投资
2005	两项主要提议： 住宅和商业用户的价格管制计划，提供稳定且可预测的电价，鼓励节能，确保消费者支付的价格更好地反映发电价格。未安装智能电能表的消费者采用逐增的分段电价，而安装智能电能表的消费者采用分时电价。两种电价方案每 6 个月调整一次。 智能电能表推广计划，目标在 2010 年前让所有电力用户配备智能电能表
2009	5 月，安大略省通过了《安大略绿色能源和绿色经济法案》，该法案旨在扩大可再生能源的生产、鼓励节能、创造新的就业机会
2010	4 月 22 日，安大略省立法机关通过了第 235 号法案，该法案生效后将制定新的能源消费者保护法，并修改 1998 年的《电力法》。该立法的主要目的是通过针对天然气销售商、电力零售商、房东和公寓开发商的新规定，加强消费者保护和节能
2015	6 月 2 日，能源部长鲍勃·奇亚雷利向安大略省立法机关提交了《加强消费者保护和电力系统监督法》。该法案建议立法改革以加强安大略省能源部对消费者的保护，同时加强安大略省能源部的作用
2016	6 月 2 日，安大略省立法机关通过了《能源法令法修正案》（2015）（也称为法案 135）。该法案旨在加强能源部在安大略长期能源规划中的作用，促使 IESO 对独立监管机构起到更多的支持作用，建立长期有效的能源规划框架，通过强有力的社区参与和能源领域的新兴技术来支持安大略省未来能源规划发展

（二）阿尔伯塔省

阿尔伯塔省（简称"阿省"）坐落于加拿大西部，盛产石油和天然气，是加拿大能源资源最富裕的省份之一。阿省电力工业结构相对分散，未设立省属国有电力公司，以市政所有和投资公用事业为主。加拿大阿尔伯塔省电力改革事记见表2-2。

表2-2　　　　　加拿大阿尔伯塔省电力改革事记

年份	主要电力改革政策
1995	阿省政府开始引入了电力工业非管制化立法，并最终于1995年通过
1996	建立了电力库和独立输电管理机构
2000	阿省政府对12个PPA（共10个电厂）进行了拍卖，8个PPA拍卖成功。PPA的购买者拥有该发电设施的专有权（经营权），可以在市场中售电量
2001	启动了目前的市场结构，并开放零售侧竞争。至此，阿省在发电侧和售电侧都实现了完全开放的竞争，并且现货市场、期货市场和长期购电合同并存
2003	电力库和独立输电管理机构合并为阿省电力系统运营商（AESO）
2006	管制性零售电价选择－月度电价由通过长期合同购买的电力价格和下个月的市场预测价格共同决定
2008	引入长期供应充足性指标
2010	管制性零售电价选择－月度电价完全取决于下一个月的市场预测价格
2016	阿省政府宣布自2021年开始，将本省电力市场由单一能量市场转变为包含能量市场和电力容量市场的新市场

2.1.2　电力发展

（一）电源发展

加拿大2/3的电力供应来自可再生能源，如水电、风电及太阳能发电。截至2016年12月，加拿大发电装机容量为146.6GW，其中水电最多，占54.8%。加拿大2016年发电装机容量及发电量统计数据见表2-3❶。

---

❶ 来源：NEB，Canada's Energy Future 2017。

表 2-3   2016 年加拿大装机容量及发电量统计

发电类型	装机容量（GW）	占比（%）
水电	80.4	54.8
天然气发电	21.5	14.7
核电	14.3	9.8
风电	11.9	8.1
煤电	9.7	6.6
汽油发电	3.8	2.6
生物质发电	2.7	1.8
太阳能发电	2.3	1.6
合计	146.6	100.0

2017 年，加拿大水电工程建设繁忙，主要电源工程项目见表 2-4[1]。

表 2-4   2017 年加拿大主要电源工程项目

工程名称	省份	容量（MW）	预计投产日期	状态
Site C（水电）	不列颠哥伦比亚	1100	2024 年	工程建设起始于 2015 年 7 月，正在实施
Romine Hydro Project（水电，由 4 座发电站组成）	魁北克	1550	第一、二座发电站分别于 2014 年和 2016 年投运。第三、四座原计划于 2017 年和 2020 年运行	第三、四座发电站工程正在进行中
Lower Churchill Project（水电）	纽芬兰	Muskrat Falls：824 Gull Island：2250	Muskart 水电：2018 年 Gull Island 水电：待 Muskart 工程完毕后三年	Muskart 水电工程开始于 2013 年，正在进行中
Keeyask Project（水电）	曼尼托巴	695	2021 年 8 月	本工程于 2014 年开始，正在进行中
Bruce，Darlington and Pickering（核电翻新）	安大略	Bruce：6300 Darlington：3500 Pickering：3100	6 台 Pickering 机组延期至 2022 投运；4 台延期至 2024 年。Darlington 翻新工程将耗时 10 年	Darlington 翻新工程正在进行。Bruce 和 Pickering 工程计划于 2020 年启动
Brazeau（水电扩建及新添抽水蓄能）	阿尔伯塔	900	2025 年	目前工程正在审批阶段

---

[1] 资料来源：加拿大能源研究院 CERI。

（二）电网发展

加拿大的输电网络延伸超过 160 000km。由于加拿大用电负荷多集中在美国边界的南部地区，而大型水电和核电位于人烟稀少的北方地区，因此加拿大网架结构呈南北方向。

加拿大的输电网大部分都与美国电网相连，加拿大与美国之间的跨国交易量大于加拿大国内省间交易量。加拿大与美国边界邻近省份的输电公司均加入了北美电力可靠性协会（NERC）；东部魁北克和安大略省与美国新英格兰地区和纽约州的公用事业公司相连，同为北美东北电力协调委员会（NPCC）的一部分；曼尼托巴省参与了北美中西部可靠性组织（MRO）；阿尔伯塔和不列颠哥伦比亚省参与了北美西部电力协调委员会（WECC）。

加拿大各地的公用事业公司正在持续对老化的基础设施进行维护，并建造新的电力线路和变电站，以便新一代电源的顺利接入。2017 年加拿大主要的输电工程项目见表 2-5[1]。

表 2-5　　　　　　　　2017 年加拿大主要输电工程项目

工程名称	省份	电压级别（kV）	预计投产日期	状态
Bipole III Transmission Reliability Project（直流）	曼尼托巴	500	2018 年	基本完成
Manitoba - Minnesota Transmission Project（交流）	曼尼托巴	500	2020 年	正在审批
Labrador - Island Transmission Link（直流）	纽芬兰、拉布拉多	450	2020 年	输电杆塔已安装完毕
Maritime Link Transmission（交直流混合）	纽芬兰、拉布拉多、新斯科舍	200～250	2017 年	工程于 2014 年启动
Fort McMurray West Transmission Project（交流）	阿尔伯塔	500	2019 年	2017 年夏天启动工程，第一个杆塔于 2017 年 11 月 9 日正式建立

[1]　来源：CERI。

工程名称	省份	电压级别 （kV）	预计投产 日期	状态
Chamouchouane‐Bout‐De‐Ille Transmission Line	魁北克	735	2018 年	工程开始于 2015 年
Romanie Complex Transmission Line	魁北克	共 500km，包含 315kV 和 735kV 两个电压等级	2020 年	工程开始于 2011 年

注 统计截至 2017 年 12 月。

（三）电力供需

2016 年加拿大发电量为 646.3TW·h，可再生能源发电量约占总发电量的 2/3。如表 2-6 所示，水电发电量占比最高，达到 376.7TW·h，占 58.3%；燃煤发电量为 61.9TW·h，占 9.6%；核能发电量为 96.3TW·h，占 14.9%；风电发电量占 4.4%；太阳能发电占 0.6%；生物质发电占 2.0%；天然气发电占 9.7%。

表 2-6   **2016 年加拿大发电量**

发电类型	发电量（TW·h）	占比（%）
水电	376.7	58.3
天然气发电	62.9	9.7
核电	96.3	14.9
风电	28.4	4.4
煤电	61.9	9.6
汽油发电	3.3	0.5
生物质发电	13.2	2.0
太阳能发电	3.6	0.6
合计	646.3	100.0

2.1.3 市场概况

（一）电力市场结构

加拿大电力市场结构有两个非常突出的特点，一个是各省分散经营，另一个是高度公有化，公有企业占据主导地位。加拿大 10 个省电力市场中，7 个省电力市场都由公有企业占据主导地位，保留了浓厚的公共服务性质。每个省的省属电力公司，作为电力公共事业单位，负责全省的发电、输电和配电业务，私人投资只能介入可再生能源电力生产领域。加拿大主要水力发电省份市场结构及主体见表 2-7。

表 2-7　　　　　　　　加拿大主要水力发电省份市场结构及主体

省份	不列颠哥伦比亚（BC）	曼尼托巴（MB）	魁北克（QC）	纽芬兰-拉布拉多（NL）
发电公司	BC Hydro，FortisBC，Nelson Hydro，RTA，Teck，IPPs	Manitoba Hydro，IPPs	Hydro-Quebec Production，RTA，TransCanada，IPPs	NL Hydro，Newfoundland Power，IPPs
输电公司	BC Hydro	Manitoba Hydro	Hydro-Quebec TransEnergie	NL Hydro，Newfoundland Power
配电公司	BC Hydro，FortisBC，少数政府公用事业	Manitoba Hydro	Hydro-Quebec Distribution，9 家政府配电公司	NL Hydro，Newfoundland Power
监管机构	BC Utilities	Public Utilities Board	Régie de l'énergie	Board of Commissioners of Public Utilities
系统运营商	BC Hydro	Manitoba Hydro	Hydro-Quebec	NL Hydro，Newfoundland Power
市场设计	集中管理模式 双边合约			

加拿大改革重组省份市场结构及主体见表 2-8。

表 2-8　　　　　　　　加拿大改革重组省份市场结构及主体

省份	阿尔伯塔（AB）	安大略（ON）	新不伦瑞克（NB）
发电公司	ATCO，Enmax，Capital Power，TransAlta and TransCanada，IPPs	Ontario Power Generation，Bruce Power，TransCanada Energy，TransAlta1，IPPs	NB Power Generation and Nuclear，6 generation facilities owners
输电公司	ATCO Electric，AltaLink Management，EPCOR Utilities，ENMAX Power	Hydro One，Great Lakes Power，Canadian Niagara Power，Five Nations Energy and Cat Lake Power Utility	NB Power Transmission

续表

省份	阿尔伯塔（AB）	安大略（ON）	新不伦瑞克（NB）
配电公司	ENMAX，EPCOR，ATCO，FortisAlberta	超过 60 家	NB Power Distribution and Customer Service
监管机构	Alberta Utilities Commission（AUC）	Ontario Utilities Board	Energy and Utilities Board
系统运营商	AESO	IESO	New Brunswick System Operator
市场设计	强制电力库	实时能量市场 电力库，双边合约	双边物理合约市场，再调度市场

（二）电力市场建设

加拿大 2017 年电力市场建设主要事件如下：

一是阿尔伯塔省政府宣布将自 2021 年开始，将本省电力系统由单一能量市场（Energy Only Market）转变为电力容量市场（Capacity Market）。 机制转变后，电力系统将更加稳定可靠，避免电价短时间内大幅波动，并吸引电力领域投资。阿省电力系统运营商（AESO）将负责电力需求规划并拍卖发电协议。获得发电协议的发电厂即使不出售电力，依然确保有收入。政府将在 2021 年之前实施电价上限政策。

二是加拿大 BC Hydro 电力交易机构 Powerex 于 2018 年 4 月 4 日正式加入美国西部能量平衡市场（EIM）。 西部能量平衡市场（EIM）于 2014 年 11 月 1 日在加州 ISO 上线，旨在通过共享和调度不同参与主体的资源，提高市场运行的可靠性、促进新能源消纳、创造收益。Powerex 加入西部能量平衡市场首个季度创造收益 227 万美元，占整个西部市场总收益的 3.2%。

2.1.4 电力价格

（一）批发电价

加拿大电力市场批发价格已经达到或接近历史最低电价。 相比 2014 年，阿尔伯塔省和安大略省 2017 年平均批发电价下降了约 30%。在安大略省，2017

年价格下降到 2012 年以来的历史最低水平。由于发电容量增加和电力需求增长放缓，阿尔伯塔省的电力价格达到了 2000 年市场放松管制之后的最低水平。2017 年加拿大枢纽交易批发电力市场价格区间见图 2-1。

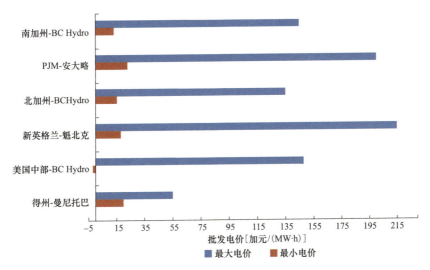

图 2-1　2017 年加拿大枢纽交易批发电力市场价格区间

（二）零售电价

2017 年加拿大各省零售电价各有差别，最低电价 0.07 加元/（kW·h），最高电价 0.43 加元/（kW·h）。其中，阿尔伯塔省的零售电价最低，不列颠哥伦比亚省和曼尼托巴省仅次其后。2017 年加拿大各省电力零售价格如图 2-2 所示。

图 2-2　2017 年加拿大各省电力零售价格

2.2 加拿大电力市场化改革相关事件分析——加拿大阿尔伯塔省电力市场化改革分析

加拿大阿尔伯塔省位于加拿大西部，人口约 430 万，面积 66 万 km²，地广人稀。阿省主要行业是以石油和天然气为主的能源工业，占全省 GDP 约 1/4，其他主要经济行业包括金融、房地产、建筑和工商业服务等。电力供应的可靠性、安全性和价格的合理性对阿省的经济发展和公民满意程度至关重要。

2.2.1 阿尔伯塔省电力工业基本情况

2017 年，阿尔伯塔电力批发市场拥有 201 个市场成员，电能量交易总额达 30 亿加元，年度平均批发电价为 22.19 加元/（MW·h），同比 2016 年增长 21%。

电源结构情况。阿省天然气发电装机 7555MW，煤电装机 6283MW，外省联络线输电容量 1198MW，可再生能源发电装机 2788MW，其中风电总装机容量为 1445MW，全年总发电量为 4486GWh。

电力供需情况。阿省工业供电需求占 61%，商业用电需求占 18%，住宅用电占 13%，农业用电 3%，线路损耗 5%。

全年负荷情况。阿省 2017 年全年平均负荷为 9426MW，冬季最高负荷 11 473MW，夏季最高负荷为 10 852MW。

外省电量交易情况。阿省通过交流输电线与西侧的不列颠哥伦比亚省（British Columbia）和南侧美国蒙大拿州（Montana）相连，通过直流输电线与东边的萨斯喀彻温省（Saskatchewan）相连。2017 年，阿省向不列颠哥伦比亚省平均送电功率约 60MW，受电功率约 120MW，阿省与不列颠哥伦比亚省联络线最大输送容量为 1200MW；向萨斯喀彻温省平均送电功率超过 10MW，平均受电功率不足 5MW；向美国蒙大拿州平均送电功率约 30MW，受电功率约 20MW。

2.2.2 阿尔伯塔省电力市场化改革历程

加拿大是联邦制国家，10 个省和地区享有高度自治权，拥有辖区内自然资源的所有权。在自然资源开发利用方面，联邦政府只负责跨省和国际贸易，包括对石油、天然气和电力贸易的管制。因此，加拿大联邦制国体意味着不能进行全国统一的电力改革，只能由各省政府根据自身特点和条件进行自主改革。

在加拿大各省中，阿省电力工业市场化改革力度是最大的，市场竞争程度最高。1990 年实施市场化改革以前，阿省实行垂直化管理，发电、输电和配电业务皆由公共企业垄断经营，电价由政府管理机构统一决定。1990 年，阿省开始推行电力市场化改革，引入了电力工业非管制化立法，并最终于 1995 年获得通过，标志着阿省电力市场化的开始。

1996 年电力事业法建立了非盈利的阿省电力库（Power Pool of Alberta），负责调度指令和运行电力批发市场，电网公平开放并由独立输电管理机构（TA）运营。电力库不仅是电力交易中心，而且是系统控制中心。电力库从不同的发电商买电，然后向不同的电力公司或经纪商卖电，所有的电量都是通过电力库进行交易的。电力价格是根据系统调度的优先次序和每小时的短期边际成本确定的。

为了促进完全市场化，阿省议会在 1998 年对电力事业法进行了修改，修改的重要内容包括以拍卖发电厂电力购买协议（Power Purchase Agreement，PPA）的形式替代法定金融避险。阿省在市场化的过程中没有要求垂直一体的事业公司出售发电厂，而是通过竞拍 PPA 的方式打破垄断，这种方式能够鼓励一些对发电厂运营没有经验但是对市场经营有经验的公司也能够参与 PPA 竞标，从而参与电力批发市场。电力事业法的其他修改内容还包括细化电力库的监管机制、明确市场监管部门的职责、对修建发电厂放开管制、引进零售侧消费者选择权等。

2000 年 8 月，阿省政府对 12 个 PPA（共 10 个电厂）进行了拍卖，8 个 PPA 拍卖成功。PPA 的购买者拥有该发电设施得专有权（经营权），可以在市场中出售电量。2000 年 12 月，对没有售出的 PPA 举行了第二次拍卖，标的是相应容量未来某一年或某几年的电力期货，以固定期货合同的方式加以确认。

2001 年，随着 PPA 拍卖的结束，阿省电力批发市场实现完全市场化。同年，阿省电力零售市场开放，正式引进了零售竞争。至此，阿省在发电侧和售电侧都实现了完全开放的竞争，而且现货市场、期货市场和长期购电合同并存。

2003 年，阿省议会对电力事业法进行了进一步修改。修改的电力事业法把电力库和电网管理职责合二为一，为此建立了 AESO。此外，为了保证市场监管的独立性，2003 年的电力事业法在阿省设立了独立的电监会（MSA）对市场实施监管。

2006 年，阿省规定月度电价由长期合同购买的电力价格和下个月市场预测价格共同决定。2008 年，阿省引入长期市场供应充足性指标。2010 年，阿省规定月度电价将完全取决于下一个月市场预测价格。

2016 年 1 月，阿省政府委托 AESO 制定并实施可再生能源计划（REP），旨在鼓励大规模发展可再生能源，以实现阿省政府 2030 年可再生能源发电占比 30% 的目标。

2017 年，阿尔伯塔省政府宣布自 2021 年开始，将本省电力市场由单一能量市场转变为包含能量市场和电力容量市场的新市场，旨在保护消费者避免价格波动，提供稳定、可靠的电力供应，支持阿尔伯塔省从煤炭发电到可再生能源的过渡。

2.2.3　阿尔伯塔省电力市场化改革经验总结

一是引入竞争、提升效率是阿省电力市场化改革的主要目标。与加拿大其他省不同，阿省电源结构主要以火电为主，且电力工业结构相对分散。阿省进行电力市场化改革时并未直接对发电企业进行拆分和重组，而是通过拍卖电厂 PPA 的方式引入发电侧竞争，同时建立市场运营机构（AESO）和市场监管机构（MSA），提升市场运营效率。

二是阿省电力市场建设是个循序渐进的过程。阿省最初采用"全电量电力库"模式，并未设立容量机制激励新的发电容量投资。随着阿省可再生能源计划（REP）的快速实施发展，阿省传统发电机组进入大规模退役期。为保证系统容量的充裕度，阿省积极探索建立容量机制，并宣布将于 2021 年起建立包括电能量市场和容量市场的电力市场体系。

三是阿省电力市场化改革坚持"立法先行"原则。阿省电力事业法是阿省推动电力市场化改革的主要依据，并在改革过程中不断修订、完善。在阿省电力事业法框架之下有 20 个条例为阿省电力行业和电力市场各个方面提供准则，例如市场公平竞争、电网规划及成本回收、禁止市政府公司不同部门交叉补贴、零售定价，以及各管理机构职责权限等。

3

欧盟电力市场化改革
最新进展

欧盟电力市场化改革主要历程

1996 年　欧盟发布"电力市场化改革法令"（96 法令），要求各国实施电力市场化改革，开放用户选择权，推进欧盟统一电力市场的建立。

2003 年　欧盟发布"电力市场化改革第二法令"（03 法令），加大了推进欧盟统一电力市场建设力度。

2005 年　欧盟委员会提出了通过建立区域电力市场来推进统一电力市场建设的战略报告，并将欧盟划分为 7 个区域电力市场。

2007 年　欧盟委员会发布有关电力和天然气市场化改革的"第三议案"草案，主张"将生产和供应从网络经营活动中有效分离"，实现彻底的产权拆分。

2008 年　欧盟理事会通过了电力及天然气的改革方案，达成了引入"独立输电（输气）运行机构"方案的协议。

2009 年　欧洲议会通过"第三能源法案包"（third energy package），这标志着独立输电（输气）运行机构（ITO）方案正式开始实施。

2011 年　欧盟委员会明确提出 2014 年之前建成欧盟内部的统一能源市场的目标。

2013 年　欧盟委员会发布如何规范成员国对电力市场实施干预的指导方针。

2014 年　西南欧和西北欧区域日前电力市场实现联合出清。

2015 年　欧盟委员会宣告欧洲能源联盟正式成立，通过了能源联盟的战略框架；欧盟委员会发布《新型能源市场设计报告（征询意见)》，推动建立适合欧洲能源联盟的新型电力市场机制。

2016 年　欧盟委员会发布了促进欧洲清洁发展的一揽子措施。主要包括三个目标：实现能效优先、推动建立欧盟在全球可再生能源发展中的领导地位、为用户提供公平交易环境。作为一揽子举措的重要组成部分，欧盟委员会提出了新的电力市场规则设计建议。

2018 年　欧洲跨境日内市场正式上线运行。

欧盟是由欧洲共同体发展而来的大型区域经济一体化组织。1986 年，随着《单一欧洲法案》（Single European Act）的签署，初步形成了建设欧盟统一能源市场的设想。1993 年，欧盟提出建立统一电力市场的改革目标，并先后于 1996、2003 年和 2009 年颁布了 3 个电力改革法案，提出电力改革路线图和时间表，要求各国开放电力用户选择权，完全开放电力市场等。

2011 年，欧盟提出在 2014 年之前建成欧洲内部统一能源市场（Single Energy Market）的目标，并且要求各成员国加快天然气管道、输电网络等基础设施的互联，保证在 2015 年前在欧盟范围内实现能源的自由输送和供应，并为推进能源市场立法、统一运行规则和技术标准等各项工作列出计划时间表。

2015 年，为进一步加强成员国之间的政策协调、保障能源安全，欧盟委员会宣布成立欧洲能源联盟，并于 2 月 25 日通过了能源联盟的战略框架，进一步强调加快建立完全一体化、具有竞争力的内部能源市场，并提出到 2020 年所有成员国跨国输电能力至少占本国发电容量的 10%、2030 年达到 15% 的目标。

2016 年，为更好地促进欧洲能源清洁转型、实现 2030 年减少碳排放 40% 的发展目标，同时促进经济现代化、创造更多的就业和发展机会，欧盟委员会发布了促进欧洲清洁发展的一揽子措施。主要包括三个目标：实现能效优先、推动建立欧盟在全球可再生能源发展中的领导地位、为用户提供公平交易环境。作为一揽子举措的重要组成部分，欧盟委员会提出了新的电力市场规则设计建议，基于可再生能源消纳的能源市场规则重新设计，为欧盟统一能源市场建设明确了新的战略方向。

3.1 欧盟电力市场化改革进展概况

3.1.1 政策法规

欧盟委员会聚焦于可再生清洁能源的发展及节能减排效益。2017 年 6 月，欧盟委员会召开了促进欧洲清洁发展会议，旨在确立清洁能源一揽子计划为未来欧盟能源委员会的首要议程。在 2018 年 1 月斯特拉斯堡全体会议上，通过了新的节能目标和可再生能源发展目标，将 2030 年可再生能源目标比例由原计划的 27％提升至 35％，以此来帮助欧盟履行其在《巴黎协定》上做出的承诺，借机在未来以低碳技术生产更多能源，提高能源效率，推动脱碳、数字化、高效能源体系的建立。

欧洲理事会对未来能源市场建设的共识逐步确立。2017 年欧洲理事会就其内部市场的三个关键领域达成一项共识：建立一个现代电力市场、一个充满竞争以及消费者导向的内部电力市场、促进可再生能源的利用。这将刺激能源市场转型的投资和以清洁能源为项目的融资，特别是在消除跨境电力交易壁垒和协调电网运行方面优势突出。更多以消费者为导向的跨境电力交易将会增加电力市场的竞争，更协调的系统运行将会节省当前分散的电网运行所带来的不必要的成本。

3.1.2 电力发展

（一）电源建设

截至 2017 年，欧盟总装机容量为 938GW，电源结构日趋多元化。其中，天然气发电仍占比最高，占 20.1％，装机容量为 188GW；燃煤发电装机容量为 148GW，占比 15.8％；水电装机为 137GW，占比 14.6％；风电装机为 169GW，占比 18.0％；太阳能发电装机为 107GW，占比 11.5％；核电装机 118GW，占比 12.6％。具体欧盟 2017 年各类型机组装机比例见图 3-1。

2017 年欧盟新增装机容量 28.3GW；可再生能源发电总新增装机容量为 23.9GW，占 2017 年总新增装机的 85％。2017 年欧盟新增风电装机容量 15.9GW，是新增装机容量最多的发电类型，占新增总装机容量的 55％，相比于 2016 年新增装机增长了 25％，其中 12.8GW 为陆上风电、3.1GW 为海上风电。

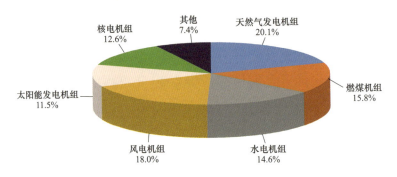

图 3 - 1　欧盟 2017 年各类型机组装机比例

数据来源：彭博新能源财经。

（二）电网发展

欧洲输电运营机构联盟（ENTSO - E）滚动更新欧洲电网十年规划（TYNDP）。根据 2018 年 ENTSO - E 发布的最新十年规划，为适应风电等可再生能源发电的快速发展，确保欧洲互联电网安全可靠供电，促进欧洲内部统一电力市场的发展，预计 2030 年前欧洲电网需投资 1140 亿欧元，其中输电项目涉及 357 项投资，包括建设 201 条架空电缆、67 条海底电缆等；储能项目包括建设 12 座抽水储能电站和 3 座压缩空气储能电站。新能源接入方面，预计 2030 年新能源发电占比从 48％提升至 58％；发电成本方面，至 2030 年通过电网建设节约发电成本约 30 亿欧元；市场发展方面，ENTSO - E 分析认为在各种政策和能源发展场景下，电网互联建设都将对欧洲主要电网边界（如爱尔兰－英国－欧洲大陆边界、英国－欧洲大陆－北欧边界、北欧－西欧边界等）形成的市场边际价格差异产生明显的抹平作用，从而进一步通过统一市场优化资源配置。

欧盟继续推动波罗的海国家与欧洲大陆电网互联。2018 年 6 月，欧盟主席与立陶宛、拉脱维亚、爱沙尼亚和波兰的政府首脑举行会议，共同商议波罗的海国家与欧洲大陆电网同步运行的政治路线。ENTSO - E 等机构提出最新研究成果，以期波罗的海国家电网运行水平与欧洲大陆电网处于同一水平。目前这几个国家仍然只与俄罗斯和白俄罗斯电网相连，致力于波罗的海电力市场互联计划的工作组将引导波罗的海国家在 2025 年前与欧洲主体电网同步相连，最终形成互联电力市场。

（三）电力供需

欧盟委员会关于天然气和电力市场的最新报告显示欧盟过去几年电力消费显然已经与经济增长脱钩。2010 年至 2017 年底，欧盟的国内生产总值增长了近 12％；同期，用电量下降 4％。

2017 年欧盟总发电量为 336TW•h，其中风电占 11.6％。2015－2017 年各类发电机组每月发电量组成如图 3-2 所示。

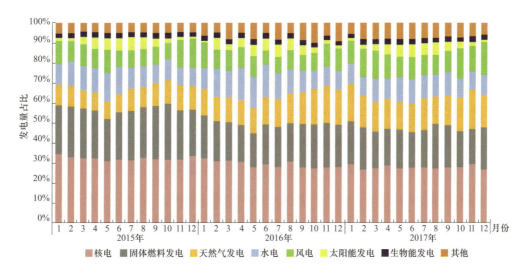

图 3-2 2015－2017 年欧盟各类机组每月发电量组成

3.1.3 市场概况

（一）电力市场建设

近年来，欧洲电力市场发展以建设欧洲跨境统一电力市场为目标。在统一市场路线下，交易平台建设和现货交易试点有序推进，欧洲电力市场也从区域性跨境现货市场、到规模更大的跨境现货市场不断延伸。

（1）欧洲区域性跨境电力市场实践。

在欧洲电力市场统一运营路线下，各区域性跨境现货交易品种逐渐完善并开展实践。

统一的交易平台是跨境市场开展的基础。Nord Pool 已于 2017 年建成统一出清和结算系统（CASS），基于网络方式将所有 Nord Pool 成员纳入 CASS 平台。

2018 年 1 月，Nord Pool 提出在北欧、波罗的海和德国开展基于物理电能的日内跨境电力交易，以补充原有日内市场，为市场主体提供更明确的日内价格信号，增加市场的透明度。

跨境日内市场包括 22：00 和 10：00 两次竞价，前者覆盖次日 24h 的电力申报、后者覆盖当日后 12h 的电力申报。跨境日内市场利用跨国输电通道可用容量进行竞价，形成跨境交易。

跨境日内市场和境内现货市场结果同时影响跨境通道可用容量：跨境日内市场使用的通道容量由日前境内市场结果决定，跨境日内市场交易结果进一步对跨境通道容量进行修正。

（2）欧洲统一跨境电力市场计划。

欧盟各国监管机构批准了市场运营商委员会所提出的建立欧洲电力市场耦合运营机制的建议，以进一步整合欧洲日前与日内市场。

2018 年 6 月中旬，欧洲跨境日内市场（XBID）上线运行，标志着欧洲电力市场向欧洲统一日内市场迈出了重要一步。XBID 是欧洲电力市场融合路线的重要组成和实践，是可再生能源发电占比不断提高、面临供需平衡挑战而采取的结构性政策和市场机制。相比各国非跨境日内市场，XBID 可以促进机组组合优化、整合需求侧响应资源，提高日内交易效率并进一步降低成本。

目前 XBID 的十项地区性项目已进行试点并开展持续性的电力交易，覆盖奥地利、比利时、丹麦、爱沙尼亚、芬兰、法国、德国、挪威、荷兰、葡萄牙等 11 个国家。预计 2019 年，更多国家会加入 XBID 项目。

（二）电力市场运营

2017 年全年欧洲电力市场总交易电量为 12 647TW•h，相比于 2016 年的 14 620TW•h 减少了 13.49％，主要包括集中交易和场外交易。市场流动性是市场竞争水平的重要体现。欧盟通常以交换率或换手率（Churn Rate）来表征市场流动性。

2017 年市场交换率指标达到 4.0，即市场总交易电量为系统总用电量的 4 倍，其中包括大量的电力金融交易，表明市场流动性较高，市场较为活跃，竞争充分。2014－2017 年部分电力交易市场季度性交换率指标如图 3－3 所示。

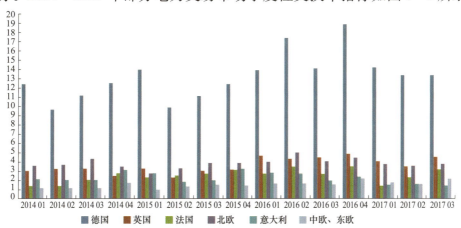

图 3－3　2014－2017 年欧盟部分市场交换率（Churn Rate）指标情况

由图 3－3 可知，德国近几年来的市场活跃度在欧盟中处于较高水平，其次是北欧地区和英国，而中东欧地区则处于较低水平。

3.1.4　电力价格

中长期批发市场电价受一次能源价格影响显著。电力市场价格与煤价、天然气价格关系密切。欧盟中长期批发市场电价波动主要源于一次能源价格预测和相关经济政策。因一次能源预期价格和能源税的抬升，欧盟批发电价在 2016 年 12 月至 2017 年 12 月期间增长了 4.6%。2017 年第四季度电力供应价格有所上升，主要是因为煤炭和天然气价格有所上升。另外，一部分核电发电量被化石能源发电量所取代，在一定程度上推高了发电成本，而第四季度丰富的风电资源又一定程度抑制了电力价格的过度上升。图 3－4 中，年度中长期批发市场电价预测与一次能源价格预测趋势基本一致。

现货市场电价整体趋势与电力供需情况关系紧密。欧洲冬季供暖期，电力供应相对紧张，是影响现货批发市场电价的主要因素。图 3－5 为 2017 年欧盟主要交易所现货市场成交价格走势，其中第一、第四季度冬季供暖期电力价格较高。

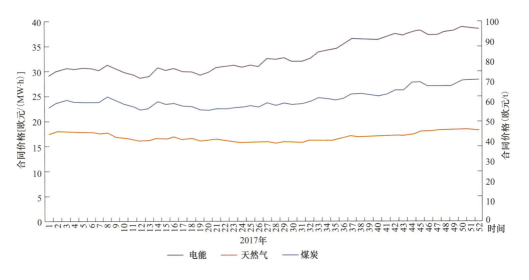

图 3-4　2017 年德国电力、煤炭、天然气年度合同价格走势

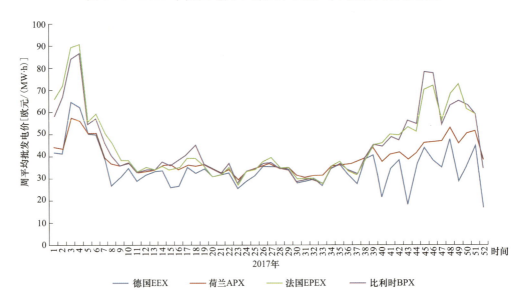

图 3-5　2017 年欧盟部分交易所周平均批发电价

电力批发与零售电价相比于其他国家，近年来整体更为稳定。对比日本、美国、澳大利亚等典型国家，欧盟和美国市场电价近年来相对稳定，是市场较为成熟的体现之一，如图 3-6 所示。

与此同时，欧盟工业零售电价相较于其他典型国家，近几年来稳定性更为显著，如图 3-7 所示。

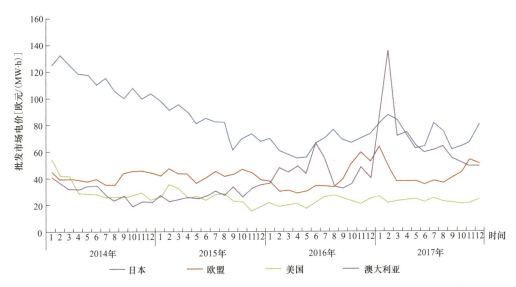

图 3-6 2014—2017 年欧盟、美国、日本、澳大利亚批发市场电价走势图

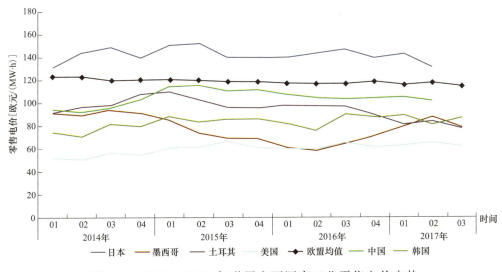

图 3-7 2014—2017 年世界主要国家工业零售电价走势

3.2 欧盟电力市场化改革相关事件分析——欧盟容量机制分析

以风、光为代表的具有不确定性的可再生能源发电并网，一方面要求传统机组为其备用、调峰，另一方面也逐步使传统机组利用小时数不断降低。为解决传

统机组因投资难以回收而面临关停、从而进一步加大系统备用和调峰难度等问题，欧盟近年来不断探索建立容量机制，以保证发电充裕度和系统运行安全。

近期，欧盟委员会在比利时、法国、德国、希腊、意大利和波兰批准了电力容量机制，为适应不同国情针对性地建立不同的容量市场方案，以保障电力供应安全。该政策下典型容量机制分为战略容量机制（Strategic Reserves）（比利时、德国）、全市场容量机制（Market－wide Capacity Mechanisms）（意大利、波兰）以及需求响应机制（Demand Response Schemes）（法国、希腊）三种。

欧盟要求各国在实施容量机制前，首先完善电力市场机制以更好地适应新的容量机制，其中包括：更全面深入地评估依赖跨国电力输送的必要性；合理降低各类容量投资主体费用和用户侧费用；通过允许跨境容量市场来限制电力供应安全风险对跨境电力传输的影响。

3.2.1 战略容量机制

（一）基本情况

（1）机制特点。战略容量机制主要是指通过招标方式与发电机组（即将退出市场的老旧机组等）签订合同从而保障短期电力供应，一般来说其涉及的机组范围较小，相关机组由调度/市场运营机构在紧急时段进行调用，在市场出清中具有较低的优先级。

（2）背景分析。比利时高度依赖老化的核电机组和进口电力，急需电力容量机制来缓解电力供应的风险。对于德国而言，则需要应对电力市场改革及核电机组的逐步淘汰所带来的电力供应风险。比利时和德国在采用该容量机制前就已经对电力供应安全风险进行了量化分析，认为电力市场经历转型和改革时更容易出现严重电力供应危机，战略容量机制在紧急情况下具有保持电力市场以外某些发电能力的功能。

（3）发展趋势。两国的战略容量机制都只是暂时的，在完成市场转型和改革、解决潜在市场问题后，该机制将被取消，未来将被更常规化、竞争化的方式取代。如向所有类型的容量供应商开放市场，以保障有效的竞争并限制费用。

（二）比利时战略备用容量机制开展情况

比利时的战略备用容量机制于 2015 年开始，并计划于 2022 年结束。参与主体范围主要是天然气发电机组，不包括新能源机组和跨境容量资源；储能设备并没有明确包含在输电网层面的战略备用范围内，但可以在配电网层面进行调用。

比利时战略备用市场主体以年度为周期签订第二年的战略备用合同。比利时也曾有过 3 年制的战略备用合同，经欧盟能源委员会协商，比利时同意将战略备用合同的年限统一为年度合同。

比利时预计每年通过战略备用机制为系统提供 0.7GW 的容量，每年为此支付的费用约为 1800 万欧元。近年来比利时战略备用机制的价格呈稳步下降趋势，其与批发市场电价对比如图 3-8 所示。

图 3-8　比利时战略备用容量机制价格与电力批发市场价格对比

数据来源：彭博新能源财经。

在战略备用容量机制中，输电运营机构（TSO）充分考虑发电裕度并形成评估结果，能源部基于该结果制定战略备用机制涉及的备用容量大小。在日前批发市场中，当发电侧所申报的容量无法在现货市场价格上限［3000 欧元/（MW·h）］以下满足用电需求时，或者调度机构预测到结构性的供需风险时，战略备用容量即被调用，以保障市场平稳运行和系统供需安全。

3.2.2　全市场容量机制

（一）基本情况

（1）机制特点。全市场容量机制由更多市场主体参与，采用全市场拍卖的方式保障系统供电安全，并与其他电力交易品种衔接紧密，具有完善的价格、出清机制。

（2）背景分析。意大利发电投资者无法从电力销售中获得足够的回报，存在大量发电市场主体退出市场、而新的发电主体也不愿意投资进入的情况。类似的，波兰由于电力市场的失效阻碍了市场价格对发电投资者的激励，导致其市场中也缺乏足够的电力容量。意大利和波兰依赖于从邻国进口电力，在对潜在电力供应风险进行量化分析的基础上，采用了全市场容量机制。

（3）发展趋势。意大利和波兰的容量机制向新能源发电、火电、储能、需求侧响应等多种类型的容量提供者开放，波兰还将在未来引入跨国的容量资源参与本国容量市场。与战略备用机制不同，全市场容量机制将在未来长期存在。由于市场化容量机制的创新设计，用电侧为容量备用支付的费用可以被有效地控制，英国、法国以及爱尔兰的电力容量市场也都将仿照这种设计以建设或改进全市场容量机制。

（二）意大利全市场容量机制开展情况

意大利计划于 2019 年起建立全市场容量机制。该机制下可参与容量市场的市场主体包括新能源机组、储能和需求侧响应资源、天然气发电机组等。

意大利全市场容量机制以年度为周期，对第二年、第三年或未来第五年的容量备用进行竞价并形成合同，合同期为 1～3 年；未来计划设立最高长达 15 年的长期容量合同，以稳固容量提供商的收益。

意大利预计每年通过全市场容量机制为系统提供 70～100GW 的容量备用，每年预计成本约为 9 亿～14 亿欧元。

全市场容量机制中的中标者，可以获得固定收益和执行收益两类收益。

一是固定收益。投标者对各项由调度机构提供的可靠性保障措施进行选择性投标，中标方将根据中标结果获得固定收益。拍卖过程中非新建的容量提供商设置的价格上限在 25～40 欧元/（kW·年）之间，新建的容量提供商设置的价格上限则为 75～95 欧元/（kW•年）之间，以鼓励容量投资。

二是执行收益。中标者需按照调度机构要求在日前市场和平衡市场提供电力保障，从而获得执行收益。执行收益的价格统一按照标准天然气机组尖峰出力时的边际价格来核定。若该执行价格超过了现货出清价格，则容量提供商需退回两者差值的部分。

意大利的市场化容量机制具备一定的创新性：在达到保障系统供需安全目标的同时，其中标者的执行收益返还机制保证了电力用户无须再为容量提供商支付额外的容量支撑费用。此外，意大利电网存在严重的输电阻塞，因此在进行容量市场拍卖的算法中，调度机构也需充分考虑意大利不同区域间的阻塞约束，在此基础上进行容量机制的设计完善。

3.2.3 需求侧响应机制

（一）基本情况

（1）机制特点。需求侧响应机制相当于在用户侧利用市场化手段，根据报价、负荷调节特性等情况对相关需求侧资源进行调控，挖掘需求侧资源灵活调节的潜力，为系统腾出容量空间。其优点在于，需求侧响应运营商可能比一些发电商的调节速度更快，而且减少用电比增加发电更环保。该机制下建造额外不必要的发电厂的情况会有所减少。

（2）背景分析。法国认为该机制对极端寒冷天气下进一步保障本国电力供应是非常必要的，因此其在已开展全市场容量机制基础上发展了需求侧响应机制。希腊需求侧响应机制于 2016 年 12 月和 2017 年 1 月电力供应紧张时发挥了重要作用。

（3）发展趋势。欧盟的相关规则法律在一定程度上保证了需求侧响应机制不会演变为不合规的补贴方式，避免出现因一些特殊技术而不正当竞争或牟利、对用户造成过高的价格等情况。对希腊而言，该项机制可能是暂时性的，未来会逐渐通过常规竞争性的市场化方式以减少成本。

（二）法国需求侧响应机制开展情况

法国需求侧响应机制开展于 2015 年，并计划于 2023 年停止。参与的市场主体主要包括储能、需求侧响应资源等（包括医院、旅馆、超市等来自居民和三产的需求侧响应资源），不包括新能源和跨境容量资源。

法国需求侧响应合同签订周期为一年。通过该机制，2018 年需求侧可提供的容量约为 2.2GW，距离达到 RTE 设立的 2023 年 6GW 的目标还有一定的差距，其主要原因是将发电侧资源和可中断负荷进行备用容量的联合竞价仍然存在壁垒，难以同时挖掘和优化需求侧和发电侧的容量资源。目前 2.2GW 容量资源中，低于 1MW 的中小型需求侧调节资源占了 300MW。

法国每年为需求侧响应资源支付的费用约为 3300 万欧元，其容量价格走势相对平稳，如图 3-9 所示。

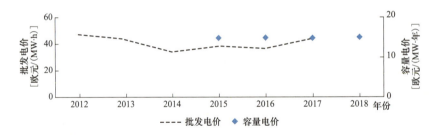

图 3-9　法国需求侧响应价格与批发市场电价对比

数据来源：彭博新能源财经

参与竞价的需求侧资源需向调度机构提供其报价和资产等信息，调度机构在三周内对竞价者的价格、可用性、爬坡速率等技术参数进行分析后，最终确定中标者。

3.2.4　欧洲容量机制经验总结

一是容量机制是成熟电力市场的重要补充。容量市场能够一定程度上保证电力供应安全。在短时间尺度，通过备用容量服务、需求侧响应等方式，为发电或用电市场主体提供经济收益的同时，增加电力供应裕度；在长时间尺度，通过市场价格信号促进各类市场主体特别是发电主体在市场中的投资。

　　二是市场机制的设计应该符合相关区域的现状和特点。 由于各国经济条件、市场化程度、电网结构和能源禀赋等方面差别较大，各国正是针对需要解决的具体问题，因地制宜地选择了不同的容量机制。

　　三是市场机制的实施应具备完善的法规框架和原则指导。 完善的法规框架和监管机制是市场化机制开展实施的重要保障。在电力体制改革和电力市场建设过程中，市场运营商和市场主体容易在新规则、新机制下，由于法规的不健全、监管的不到位而形成滥用职权、操纵市场等行为，使新机制发生扭曲而难以体现其应有的价值，阻碍市场健康发展。

3.3　欧盟电力市场化改革相关事件分析——欧盟统一电力市场分析

3.3.1　欧盟统一电力市场建设背景与历程

　　随着温室效应和化石能源危机的日益严重，欧洲各国在欧盟的主导下开展了一系列能源领域合作并在构建欧洲一体化电力市场交易体系上达成共识。作为一体化电力市场的重要基石，欧洲已经实现了跨境日前电力市场的联合出清。随着可再生能源装机容量与并网比例的不断提升，消纳可再生能源与平抑功率波动成为欧洲各国所面临的共同挑战。为了有效应对上述挑战，欧盟提出构建跨境日内电力市场，以进一步完善欧洲一体化电力市场体系。欧洲一体化电力市场发展历程见表 3 - 1。

表 3 - 1	欧洲一体化电力市场发展历程
第一阶段：初步试点	1990 年，北欧五国跨国电力交易日益频繁，初步实现区域能源共享和互补。 2000 年，北欧电力交易所（Nord Pool）成立，北欧成为世界第一个跨国电力市场，为欧洲跨国电力市场发展打下基础

第二阶段：广泛互联与日前市场耦合	2000 年，欧洲一体化电力市场以北欧为基础，在欧盟容量与阻塞管理导则（CACM）等指导性文件的引导下逐步扩大区域电网跨国互联范围。 2015 年，实现基于欧洲区域电网互联的电力市场日前交易联合出清
第三阶段：深入合作与日内市场耦合	2015 年 2 月，在日前市场联合出清的基础上，北欧电力交易所联合欧洲电力现货交易所（EPEX Spot）、意大利能源交易所（GME），伊利比亚半岛电力交易所（OMIE）及 12 个国家输电网运营商（TSO）共同启动了欧洲跨境日内电力市场项目（XBID），进一步推进欧洲电力市场的一体化建设。 2018 年 6 月，欧洲电力市场运营商与输电系统运营商共同宣布，欧洲跨境日内市场成功上线运行，并于次日进行了首次跨境电力交易与电力传输

3.3.2 欧盟统一电力市场运作机制

（一）市场运营主体及协调方式

欧洲统一电力市场的运营主体主要包括电力交易机构和各国输电运营机构（TSO）。

各地区现货市场交易机构（如 EPEX Spot、Nord Pool 等）首先获取市场主体（发电企业、售电公司等）报价信息，并向统一协调优化模块提交输入/输出量价意向曲线。TSO 根据电网运行条件等安全约束确定各地区之间的可用传输容量。统一市场运行机构在此基础上，对各地区的发用电量价申报进行整体出清，并向各地区返回量价结果，由各地区电力交易机构向市场主体发布出清结果和结算依据。协调方式如图 3 - 10 所示。

（二）竞价分区

在进行市场耦合之前，每个交易所就会运行若干个竞价区，在市场耦合之后，这些竞价区仍然存在，所有竞价区同时出清，但是每个价区的出清价格可能不同，并且各价区的出清价格必须满足该价区的价格上下限。

欧洲耦合市场中的分区考虑以下两方面因素：

一是根据行政管理因素分区。根据各个国家行政管理界线进行分区，可以

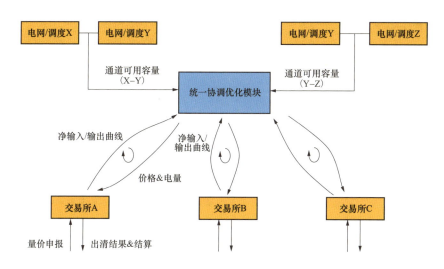

图 3-10 欧盟耦合市场多机构协调运作示意图

一定程度减轻政府管理成本，也符合以国家为实体的电网、市场运营惯例。

二是根据市场经济因素分区。 若多个国家之间电网阻塞情况不严重，且考虑多国形成分区后能增加市场流动性、减小市场力、社会福利优化空间增大等因素，则多个国家也可以形成一个价格分区。如德国、奥地利和卢森堡即形成一个价格分区参与耦合现货市场。

分区的大小是欧盟根据20个具体指标进行评估后综合优化确定的。理论上若采用包含所有区域的节点电价，会避免区域内存在阻塞的情况，但容易形成不同节点间较大的价格差异，也增加了市场运行难度。

（三）两个市场的耦合出清机制

市场主体向各自地区内的电力交易机构提交量价曲线后，由本地电力交易机构形成输入/输出量价意向曲线，如图3-11所示。

本地电力交易机构根据本地市场主体申报的量价曲线初步形成出清交点。交点以下的部分，相当于本地未成交的用电需求，作为本地输入意向；交点以上的部分，相当于本地未成交的发电需求，作为本地输出意向。综合两部分输入和输出意向，形成本地总体输入/输出意向曲线如上图右侧曲线所示（纵坐标左侧为输入意向，右侧为输出意向）。

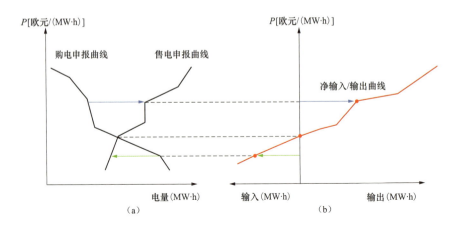

图 3-11　本地电力交易机构输入/输出量价意向曲线形成方法

（a）本地申报曲线；（b）本地输入/输出意向曲线

　　两个地区的电力交易机构分别按照以上方式形成各自的输入/输出意向曲线后，交由统一协调优化模块处理，如图 3-12 所示。

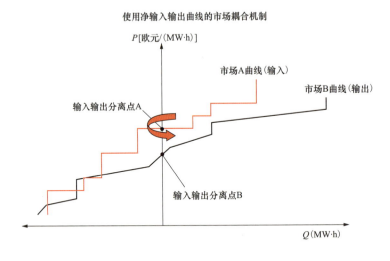

图 3-12　统一市场交易机构对输入/输出交易曲线的处理方式

　　图 3-12 中，若市场 A 的输入/输出意向曲线零点位置高于市场 B 的零点位置，则说明高价市场 A 为供小于求市场、低价市场 B 为供大于求市场，所以应将市场 A 的意向曲线反转，作为用电方申报曲线，与市场 B 的曲线联合出清。两市场区统一电力交易机构出清方式如图 3-13 所示。

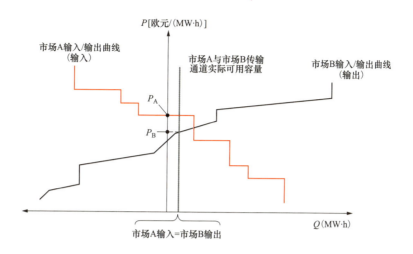

图 3-13 统一电力交易机构出清方式——两市场区情况

统一协调优化模块出清时，考虑 TSO 给出的两地区间传输容量，在此约束基础上形成传输电量和出清价格，并将此结果返还给各自地区电力交易机构。地区性交易机构根据输入、输出电量结果，将本地区申报曲线进行推移，形成本地出清结果，如图 3-14 所示。

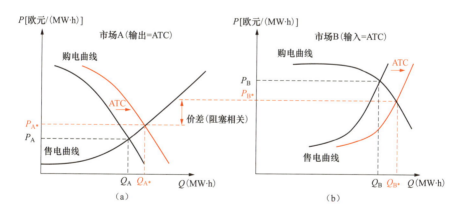

图 3-14 地区内现货市场出清示意图——有阻塞情况

(a) 市场 A 出清示意图；(b) 市场 B 出清示意图

一般来说，发电能力富余区域的价格相较于用电需求较大的地区，其现货市场出清价格会更低，这是供需关系决定的。市场耦合时，相当于在低价区增加了用电需求申报，即相当于将原有用电申报曲线向右移动，从而使出清交点

61

也向右移动，整体提升了出清价格；同时也相当于在高价区增加了发电需求申报，即相当于将原有发电申报曲线向右移动，从而使出清交点也向右移动，整体降低了出清价格。

若两个区域之间没有输电阻塞，则其高低价差将会逐渐抹平直至出清价格相同。若两个价区之间存在网络阻塞，即可用输电容量有限时，两个市场的耦合无法彻底抹平其原有价差，但耦合能使价差进一步缩小。

（四）三个及以上市场之间的耦合出清机制

当市场涉及三个及以上时，各地区市场交易机构的出清原理与两个市场地区处理方式类似，但统一协调优化模块对各地区交易机构上传的输入/输出申报意向曲线的处理有所不同，如图 3-15 所示。

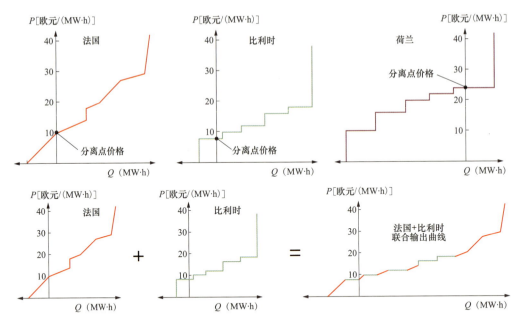

图 3-15　三地区市场耦合出清机制

统一电力市场收到三个及以上地区电力交易机构上传的输入/输出申报意向曲线后进行对比，将零点较低的曲线以同价格电量的叠加方式进行合并，形成联合发电申报曲线（如图 3-15 中红绿相间的曲线所示），与反转后的（将意向曲线作为用电申报曲线）其他地区意向曲线进行出清，如图 3-16 所示。

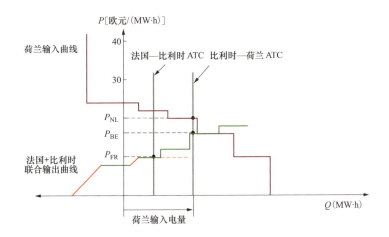

图 3-16　统一电力交易机构出清方式——三市场区情况

图 3-15 以荷兰、比利时、法国三地区市场为例，假设荷兰—比利时之间存在阻塞、比利时—法国之间也存在阻塞的最复杂情况下，统一市场电力交易机构将各地区调度机构上传的 ATC（可用输电容量）信息加入出清系统，形成各个区域的输入/输出参考价格（即图中的 P_{NL}、P_{BE}、P_{FR}），返回给各地区电力交易机构，由其各自根据参考价格形成各自区域的输入/输出电量，并进行区域内出清，出清方法可参考两市场耦合出清机制。

多个市场区域的耦合出清机制，与三个市场区域的耦合出清机制类似。

3.3.3　欧盟统一电力市场经验总结

一是欧盟统一电力市场的推进是一个长期过程，在实践中不断积累经验。欧盟统一电力市场的探索最早始于 1990 年北欧五国间的跨境电力交易，此后逐步形成北欧电力交易机构 Nord Pool，进一步规范和深化北欧统一市场运行。随着欧盟统一市场必要性与日俱增，欧盟在积累各类电力市场运行经验的基础上逐步扩大市场互联范围，并在 2018 年开始统一日内市场的尝试。

二是欧盟统一电力市场建设循序渐进，由易而难不断完善市场交易品种和方式。欧盟各区域间首先开展了中长期交易，在 2015 年开展日前联合市场出清试点，并在 2018 年进行日内联合市场的试点。随着交易时间尺度的缩短，电力交易机构优化难度以及电网调度机构保障安全的风险都不断增加。欧盟并没有因追求市场完整性而同时启动日前和日内统一市场建设，而是采用循序渐进的方式推进统一现货市场建设。

　　三是欧盟统一电力市场的建设以跨国电网互联为基础，国家/区域之间输电容量是统一市场出清的关键因素。欧盟统一电力市场建设和欧洲跨国电网规划是紧密关联的，没有电网的互联作为基础，统一市场就难以发挥大范围资源优化配置的功能，因为严重的阻塞将抑制耦合市场抹平价差的作用。从市场出清机制看，无论是统一优化模块还是各级电力交易机构之间的信息协调，跨国/区 ATC 信息是统一优化的关键约束。

4

英国电力市场化改革
最新进展

英国电力市场化改革主要历程

1989 年 英国议会通过了《电力法（1989 年）》，开始了电力市场化改革，放开发电市场，引入竞争机制，引进外资和重组，建立了竞争性的电力库（POOL）。

2000 年 英国议会通过新公共事业法案（2000 年），实施第二轮电力市场化改革，建立新的电力交易机制 NETA（New Electricity Trading Arrangements）。

2005 年 英国政府决定将 NETA 模式推广到苏格兰地区乃至全国，称 BETTA（British Electricity Trading and Transmission Arrangements）计划。

2011 年 英国能源部正式发布了《电力市场化改革白皮书（2011）》，主要内容包括针对低碳电源引入固定电价和差价合同相结合的机制、对新建机组建立碳排放性能标准、构建容量机制等，准备启动新一轮的电力市场改革。

2013 年 英国颁布《2013 年能源法案》，计划于 2014 年全面启动新一轮电力市场化改革。

2017 年 英国电力监管机构 Ofgem 宣布将对英国国家电网公司（National Grid，NG）调度职能实施法律分离。新成立的调度机构将作为英国国家电网公司的子公司，拥有独立的经营执照，预计将在 2019 年 4 月正式运营。

英国电力市场自 20 世纪 90 年代开始改革以来，经历了两次重要的改变。第一次改变是从全电量竞价的强制性发电侧竞争市场 POOL 模式向双边交易为主、市场主体自愿参与的 NETA 交易机制转变。第二次改变是 2005 年将 NETA 模式推广到苏格兰地区乃至全国，在全国范围内形成统一的竞争性电力市场（BETTA），由英国电网公司统一负责系统调度交易和平衡市场运营，由包括阿姆斯特丹电力交易所（APX）在内的多家电力交易所负责除双边交易外的其他电力交易。2011 年 7 月，英国能源部正式发布了《电力市场化改革白皮书（2011）》。2013 年，英国颁布了《2013 年能源法案》，开始实施新一轮电力市场化改革，主要内容包括针对低碳电源引入固定电价和差价合同相结合的机制、对新建机组建立碳排放性能标准、建立容量市场等。2014 年，英国举行了首次差价合同拍卖和容量市场拍卖，并对相关规则进行了修订。2017 年 8 月，英国电力监管机构 Ofgem 宣布将对英国国家电网公司（National Grid Company，NGC）的调度职能实施法律分离。新成立的英国国家电力系统调度机构将作为英国国家电网公司的子公司，拥有独立的经营执照，并与 NGC 其他业务保持独立性。新的调度机构预计将在 2019 年 4 月正式运营。

4.1 英国电力市场化改革最新进展概况

4.1.1 政策法规

2017 年 6 月，英国天然气及电力市场办公室（Ofgem）决定削减部分小型嵌入式发电机组❶在高峰时段的发电补贴。据统计，2016 年小型嵌入式发电机组的补贴高达 47 英镑/kW，这一价格是 2016 年英国容量市场拍卖出清价格的 2 倍。Ofgem 认为这一价格变化趋势严重扭曲了正常电能交易和容量交易价格，

---

❶ 该类机组主要指与低压配电网相连且发电容量小于 100MW 的发电机组。

且呈不断加重的趋势。因此，Ofgem 宣布在 2018 年至 2021 年三年间将小型发电机组的并网发电补贴削减至 3～7 英镑/kW。

2017 年 8 月，Ofgem 宣布削减对英国国内配电网运营商（Distribution Network Operator，DNO）总额达 2 亿英镑的补贴，以敦促运营商执行更为严格的输配电价格控制措施，从而为消费者提供更经济的供电服务。

2017 年 11 月，按照英国政府的指令，Ofgem 将电价保护措施的范围进一步扩展，预计每年将为一百万英国贫困家庭节省户均 120 英镑的电价支出。之后，Ofgem 将与英国政府进一步合作，为更多的贫困家庭提供帮助。

4.1.2 电力发展

（一）电源建设

截至 2017 年 12 月底，英国发电装机容量为 81.3GW，较 2016 年同比上升了 4.0%。其中：热电机组 16.3GW，燃气联合循环机组 32.9GW，核电机组 9.4GW，燃气轮机 1.7GW，水电 1.6GW，抽水蓄能 2.7GW，风力发电 8.5GW，太阳能发电 2.2GW，其他可再生能源发电 6.0GW。

英国装机容量的上升主要是由于风电与光伏发电等可再生能源发电容量的快速增长，2017 年英国风电装机增加了 1574MW，太阳能发电装机增加了 147MW。图 4-1 是 2000－2017 年英国装机变化趋势图。

（二）电网发展

逐渐减少的煤炭发电导致英国电力供应压力较大、电价偏高。扩大电网互联互通、扩大电力进口是巩固能源安全的重要举措，为此英国政府出台了一系列鼓励政策支持跨国电网建设。

目前，英国正在运行的跨国输电线路共有四条，输送容量总计为 4GW，这四条跨国输电线路分别是英国与法国之间的 IFA 线路，容量为 2GW；英国与荷兰之间的 BritNed 线路，容量为 1GW；英国与爱尔兰之间的 Moyle 和 East-West 输电线路，容量分别为 500MW。正在建设以及规划建设的跨国输电线路

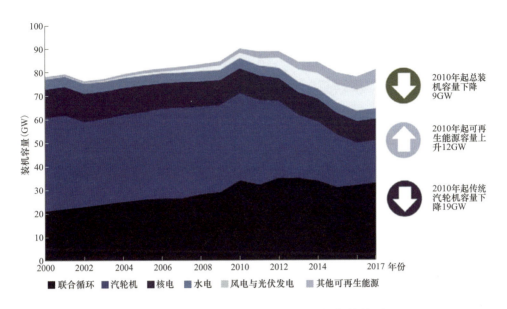

图 4-1　2000－2017 年英国装机变化趋势图

共有 7 条，输送容量总计为 7.3GW。其中，与法国联网的输电线路有 3 条，分别是 ElecLink、FABLink 和 IFA2 输电线路；与比利时、挪威、丹麦和爱尔兰联网的输电线路各有 1 条，分别是 NEMO、NSN、Viking 和 Greenlink。

（三）电力供需

2017 年，英国总发电量为 353TW·h，较 2016 年同比降低 1%。其中 95.8% 的发电量来自于国内机组，4.2% 的发电量来自于进口。发电量的变化主要受温暖天气和能源利用效率提升的影响。

2017 年，英国净进口电量 14.8TW·h，同比降低了 16.8%。英国与欧洲大陆通过 4 回线路相连：英格兰地区－法国（2GW），英格兰地区－荷兰（1GW），爱尔兰地区－北爱尔兰地区（0.6GW）和爱尔兰与威尔士地区（0.5GW）。2017 年英国进出口电量情况如图 4-2 所示。

2017 年，英国用电量下降至 353TW·h，同比下降 1%，其中 26.6TW·h（7.5%）为厂用电，26.5TW·h（7.4%）为各环节损失，299.9TW·h（85.1%）为终端能源用电。2017 年英国电力供需示意图如图 4-3 所示。

缩减煤电对英国电力供应产生了一定负面影响。为了弥补电力供应缺口，

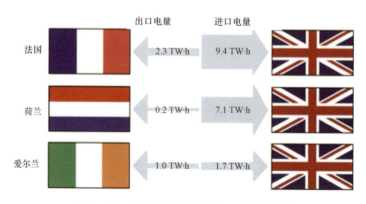

图 4 - 2　2017 年英国进出口电量情况

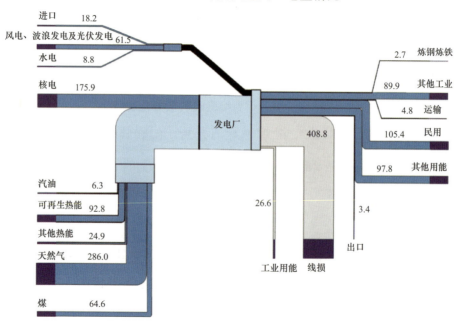

图 4 - 3　2017 年英国电力供需示意图（单位：TW·h）

英国两座核电站不得不超期服役，引起民众对安全的担忧。英国电力系统的备用裕度连年下降，在极端天气、意外事故情况下保证电力稳定供应的压力很大。为了确保电力供应安全，英国将加大力度发展天然气发电、核电和新能源发电，同时加快建设跨国输电线路，通过进口电力满足国内需求。

4.1.3　市场概况

Ofgem 发布的年度市场形势报告指出，自 2012 年以来英国一直致力于强化

能源供应商之间的竞争，减少 6 家能源供应商的市场份额，让消费者从中获益。

截至目前，英国的六大能源供应商分别是森特里克集团的英国天然气（BG）、南苏格兰电力（SSE）、德国意昂集团（E. ON）、法国电力集团能源公司（EDF Energy）、Innogy 旗下英国可再生能源公司（Npower）和西班牙伊比德罗拉（Iberdrola）旗下的苏格兰电力。由于在更换能源供应商时存在着较大的阻碍（需满足无欠费等严格限制条件，且审批速度较慢），使得英国大部分电力用户长期保持与单一能源供应商的合约，从而降低了市场活力和竞争性。为了有效改变这一局面，英国 Ofgem 对售电市场进行了改革，具体包括以下措施：一是降低用户更换能源供应商的难度与限制，提高用户选择能源供应商的自由度和灵活性；二是改革能源供应价格机制，放宽能源供应的价格管制，提高能源供应商运营的自主性；三是提升电力用户信心，为电力用户提供更为透明的电力合约信息和更为多样化的信息来源，保障电力用户的信息知情权。

在以上措施的帮助下，截至 2017 年 12 月，六大能源供应商的电力市场份额为 79%，低于去年同期的 84%，累计有 510 万电力消费者调换了能源供应商，更多中小型能源供应商进入售电市场，提高了售电市场的灵活性。

2017 年，英国政府为新增可再生能源项目提供了 5.57 亿英镑的差价合同。

为了进一步促进可再生能源项目的发展，引导可再生能源替代煤炭发电，实现能源清洁转型。自 2017 年起，英国政府电力监管部门 Ofgem 将新增可再生能源项目的补贴方式由可再生能源义务制（RO）转换为差价合约（CfD）。

在 2017 年，英国政府为新建的可再生能源项目提供 5.57 亿英镑的差价合约补贴以促进可再生能源项目的新建与投产，该部分差价合约也将进一步敦促可再生能源项目积极参与电力市场交易，提高可再生能源的市场化转型以面对即将到来的补贴削减。由于可再生能源补贴已经给英国政府及电力用户带来了沉重的经济负担，并严重损害了电力市场的公平性，英国政府将逐步削减可再生能源项目补贴并在 2025 年完全停止可再生能源补贴，实现可再生能源的完全市场化竞争。

2017 年，Ofgem 对英国国家电网输电公司信息发布问题进行调查。

根据欧盟关于能源批发市场完整性和透明度的第 1227/2011 号监管条例（REMIT），Ofgem 已经对英国国家电网输电公司（NGET）为能源批发市场提供不准确信息的行为进行了调查。有明确的证据表明，不准确的信息给市场中能源批发产品的供应、需求或价格提供了虚假或误导的信号。调查指出了 NGET 工作流程中的一些缺陷，这些缺陷将导致市场信心减弱，并直接影响英国能源批发市场的完整性和透明度。

按照英国现有的电力市场体制，NGET 作为唯一的输电网运营商负责英国输电网络的建设与运营。同时，NGET 需要为市场参与者提供准确的负荷预测和市场运营信息以辅助市场参与者做出正确的策略决策。当 NGET 所提供的负荷预测数据出现偏差时，会对发电商的报价策略与售电商的购售电策略产生严重影响。

4.1.4 电力价格

（一）批发电价

由于英国政府正在逐步削减燃煤发电装机容量，天然气发电和新能源发电比例的大幅度提升，填补了燃煤发电取消后的电力缺口。天然气发电成为目前英国电力批发市场的主要来源。2017 年，天然气价格的下降和天然气发电技术更新使得天然气发电成本大幅降低。但是，由于煤炭价格上涨和欧盟排放交易计划的引入，加上电动汽车行业发展带动了电力需求的增长，英国国内批发电价整体仍呈上升趋势。2007—2017 年英国燃气、电力、石油价格变化如图 4-4 所示。

（二）零售电价

相较于 2016 年，由于天然气等能源进口价格的变化，英国天然气零售价格小幅下降（见图 4-5），但是由于高排放机组的逐步淘汰和发电机组低碳改造成本的提升，使得英国电力零售价格较 2016 年提升了 3%。

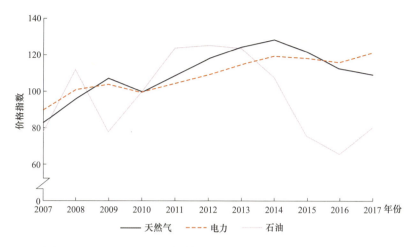

图 4-4　2007—2017 年英国燃气、电力、石油价格变化

注　2010 年为基数指数 100。

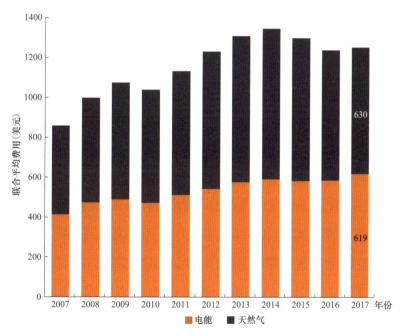

图 4-5　2007—2017 年英国天然气、电力零售价格变化

（三）可再生能源拍卖价格

2017 年，英国海上风电拍卖价格已低至 57.5 英镑/（MW·h），与 2015 年相比下降了一半，首次低于核电。这主要得益于多种降低成本政策的实施，包括扶持新兴企业、刺激风能企业扩大规模及要求公司参与竞拍以获得政府补贴等。

4.2 英国电力市场化改革相关事件分析——英国促进可再生能源发展的市场机制

自 20 世纪 80 年代电力体制改革以来，英国电力市场建设与改革一直走在世界的前列。随着英国国内可再生能源的高速发展，低碳减排的压力不断加大，英国在促进电力行业转型发展的不同阶段，推出了一系列鼓励和引导可再生能源发展的市场机制。特别是，英国自 2013 年开始实施新一轮电力市场化改革，提出了建立与低碳发展相适应的电力市场机制。以下将对英国近年来实施的激励可再生能源发展的市场机制进行总结。

4.2.1 可再生能源义务制度

2002 年，英格兰、威尔士和苏格兰开始实施可再生能源义务证书制度（Renewable Obligation，RO）。2005 年，可再生能源义务制度的范围扩大到了北爱尔兰地区。目前，RO 制度仍然是英国政府支持大型可再生能源项目的主要政策。

根据可再生能源义务制度，英国 Ofgem 负责向可再生能源发电商颁发可再生能源义务证书（Renewable Obligation Certificate，ROC，又称"绿色证书"）。英国的电力供应商（供电企业）是可再生能源义务承担的主体，其所提供的电力中必须有一定比例的可再生能源电力，通过绿色证书进行计量。在限定的承担义务期间内，承担配额义务的供电企业向英国 Ofgem 提交绿色证书，以证实完成可再生能源配额指标义务，否则将受到惩罚。可再生能源发电商与承担义务的供电企业通过可再生能源证书交易市场开展证书交易。供电企业购买可再生能源配额证书的费用，能够通过灵活的市场运行机制最终传导到终端用户，从而保障供电企业利益，提高供电企业履行可再生能源义务的积极性。

英国允许各类合格的可再生能源发电技术类型参与可再生能源证书交易市场。2009 年前，根据英国《可再生能源义务法令》，符合要求的可再生能源发电企业每提供 1MW•h 的可再生能源电力可获得一份可再生能源义务证书。然而，这种方式不能有效地引导不同成本发电技术的发展。因此，从 2009 年开始，《可再生能源义务法令》引入了新的机制，规定不同的技术根据其成本差异获得不同数量的可再生能源义务证书，促进新型发电技术的发展和进步。

4.2.2　上网电价补贴机制

为了促进小规模可再生能源和低碳发电技术，英国在 2010 年 4 月引入了上网电价补贴（Feed‑in Tariffs，FiTs）机制，要求电力供应商对符合要求的可再生能源电源的发电量和上网电量进行固定补贴。

根据有关政策，上网电价补贴适用于装机容量不超过 5MW 的水电、风电、太阳能光伏发电和生物质能发电，以及装机容量不超过 2kW 的微型热电联产项目。补贴全部由英国境内获得批准的电力供应商支付，并通过电价机制最终传导至用户承担。上网电价补贴主要有两种补贴形式。

（一）发电补贴

符合规定的小规模可再生能源发电项目，无论是否并网，都能获得固定的发电补贴。针对不同的可再生能源发电方式，电力供应商以 kW•h 为单位提供不同的发电补贴额度。补贴额度每年会随着社会零售价格指数（Retail Price Index）进行调整。

此外，政府还会根据每种可再生能源发电技术的投产情况定期进行审查，并相应调整补贴。该审查对太阳能光伏发电每个季度进行一次，对其他发电技术则是半年进行一次。该制度确保了对可再生能源发电技术的补贴水平与其成本下降曲线相适应，有效降低单位电量的补贴水平以及补贴金额的总规模。

（二）并网补贴

所有符合要求的可再生能源发电项目获得的并网补贴都是一样的，并且也是以每 kW·h 为计量单位。由于在英国智能电能表尚未大规模普及，并网发电量被假定为该项目所有发电量的 50%。如果项目所有者认为并网电量大于设定值，可以安装符合要求的电能表。同时，项目所有者有权和发电供应商协商新的上网补贴电价。

自上网电价补贴政策实施以来，小规模可再生能源项目呈高速发展的趋势，特别是光伏发电项目。2015 至 2016 年度，政策实施的第六年，新增项目数量为 157 658 个，新增总装机容量达到 1 099 834MW，为历年年度新增容量最高。支付给可再生能源项目的补贴金额为 11 亿英镑。

4.2.3 差价合约机制

可再生能源义务制度的实行有效地促进了英国可再生能源的发展。但是在实施的过程中，该制度也暴露出了不少问题。一是可再生能源义务证书的价格波动较大，给可再生能源发电企业投资者的融资带来较高的成本。二是可再生能源发电商之间缺乏竞争机制，造成可再生能源发电成本居高不下。

为控制可再生能源发电补贴总额，同时确保低碳发电项目的积极性，英国政府在新一轮的电力市场改革（Electricity Market Reform，EMR）逐步用差价合约（Contracts for difference，CfD）代替原有的可再生能源义务证书制度。从 2014 年起，装机大于 5MW 的可再生能源发电商可以在可再生能源义务制与差价合约政策之间进行选择。2017 年 3 月 31 日，英国政府宣布终止向新建项目发放可再生能源义务证书，全面实行差价合约制度。不过，终止日期前已经获得可再生能源义务认证的项目仍然可获得最多 20 年的支持。

英国政府为管理差价合约成立了专门机构——低碳合同公司（Low Carbon Contracts Company，LCCC）负责与低碳发电企业签署合约，并管理和支付差价合约，为低碳发电企业提供长达 15 年的稳定上网电价，稳定企业投资的预期收益。当批发市场参考价格低于合同所规定的执行电价（Strike Price）时，由政府补贴差价，当批发市场参考价格高于固定电价时，高出部分返回政府。

差价合约机制保证了可再生能源发电的长期收购价格，从而降低了投资者的风险。对政府来说，可以通过市场来动态决定可再生能源发电的补贴数额，使其更加合理。同时，市场竞争机制使得只有高效的可再生能源发电项目才能获得政府补贴，从侧面推动了可再生能源发电成本的不断降低。

4.2.4 容量市场机制

近年来，随着英国煤电机组的退役、新能源发电的快速增长，电力市场日趋多元化，电力需求更加难以预测。但出于电力保障的需求，2013 年电力市场改革提出建立容量市场机制（Capacity Market），以吸引发电基础设施建设和需求侧参与市场。

英国容量市场在电能量市场外单独设置，范围包括英格兰、威尔士和苏格兰，不包括北爱尔兰。发电商可以同时参与电量市场和容量市场。容量市场的标的物为容量交付年系统所需的发电容量。在政府授权下，英国国家电网公司作为容量市场的主体机构，对未来电力需求做出评估并组织容量拍卖，新建和已有电源、需求侧资源、储能设施均可参加，参与差价合约和可再生能源义务机制的机组除外。由英国国家电网公司代表售电商收购容量，中标者需保证按时足额发电。2014 年 11 月，英国容量市场进行了首次拍卖，并将于 2018/2019 年冬季交付。

容量市场包括一级市场和二级市场，交易方式为集中竞价或双边交易，可采用容量物理交易或金融性的容量期权交易机制。两个市场均有各自的适用范围。但拍卖的原则一般是满足一级市场之后再分配二级市场。

5

日本电力市场化改革最新进展

日本电力市场化改革的主要历程

1995 年 日本对《电气事业法》进行了第一次修改，引入独立发电企业（IPP）参与发电竞争，开始进行电力市场化改革。

1999 年 日本对《电气事业法》进行了第二次修改，在零售侧引入竞争，成立同时拥有发电和供电业务的特定规模电力企业（PPS），PPS 可以利用十大传统电力公司的电网进行电力零售。

2000 年 开放 2000 kW 以上电力大用户，他们可以自由选择供电商，交易量约占市场份额的 27％。

2003 年 第三次修改《电气事业法》，分阶段放开用户选择权的范围，明确了售电侧自由化改革日程。根据 2003 年《能源基本规划》的规定，以 2007 年为节点，对是否开放 50 kW 以下及居民用户进行讨论。

2004 年 日本决定将放开用户选择权的范围扩展到 500 kW 用户，占全部用户的 41％。

2005 年 日本将放开用户选择权的范围进一步扩展到 50 kW 用户，占全部用户的 60％。

2008 年 根据对 2007 年是否扩大放开用户选择权范围的讨论结果，日本决定推迟电力售电侧的全面放开，并决定 2013 年进行重新讨论。

2011 年 福岛核电事故后，日本提出新一轮电力改革思路框架。

2013 年 日本参议院通过《电气事业法》修正案。该法案明确了日本核事故后新一轮电力改革的内容和具体步骤。

2015 年 日本参议院通过了新的《电气事业法》修正案，提出改革方案第三阶段内容。三个阶段的改革方案全部制定完成，并上升为法律。

2016 年 日本全面开放电力零售市场，取消居民电价管制，允许所有用户自由选择售电商。

2017 年 日本原子能委员会发布《核能白皮书》，说明政府清理受损核电站和加强安全标准的情况，呼吁继续将核能作为国家能源供应的关键组成部分。

日本从 1995 年开始进行电力市场化改革，采用了保持垂直一体化下在发电侧和售电侧引入竞争的模式。2011 年底，日本开始着手新一轮电力市场化改革方案研究。主要目标包括：一是实现电力安全稳定供应；二是最大限度抑制电价增长；三是扩大用户选择权和增加商业机会。2012 年，日本开始第五轮电力体制改革，2015 年进入改革实施阶段。2016 年 4 月 1 日起，日本全面开放电力零售市场，允许所有用户自由选择售电商。

5.1 日本电力市场化改革最新进展概况

5.1.1 政策法规

2016 年 12 月，日本政府建议福岛核电赔偿费转嫁至电费。日本经济产业省贯彻电力系统改革政策委员会负责就筹措福岛第一核电站反应堆报废及赔偿费提出政策建议，计划自 2020 年起将赔偿费转嫁到大型电力公司和新电力公司的电费上。

2017 年 9 月，日本原子能委员会发布《核能白皮书》。这是自 2011 年福岛核电站发生严重核事故以来发布的首份核能报告。报告说明了政府清理受损核电站和加强安全标准的情况，呼吁继续将核能作为国家能源供应的关键组成部分。该委员会在报告中建议，根据政府之前制定的核能计划，到 2030 年核能至少占日本能源供应的 20％。政府应该明确核能发电的长远利益，并考虑采取必要措施。

2017 年 4 月，日本施行可再生能源上网电价（FiT）调整的法律修正案，主要有以下几点变更：一是 2017 年度以后的可再生能源收购价格引入竞标制度和降价时间表；二是将履行可再生能源电力收购义务者由电力零售商变为一般输配电企业；三是调整租税减免制度的减免条件和金额。

5.1.2　电力发展

（一）电源建设

截至 2017 年 3 月，日本正在运行的发电厂共 4020 个❶，十大电力公司共有发电厂 1422 个。全国总装机容量为 298.4GW，其中水电装机容量 28.0GW，煤电装机容量 45.9GW，液化天然气（LNG）发电装机容量 80.3GW，石油装机容量 37.2GW，核电装机容量 41.5GW，新能源装机容量 12.8GW，其他 52.6GW。2017 年 3 月各类装机见表 5-1、图 5-1。

表 5-1　　　　　　　　　　　日 本 电 源 装 机 情 况

电源类型	装机容量（GW）	占比
水电	28.0	9.4%
煤电	45.9	15.4%
LNG 发电	80.3	26.9%
石油发电	37.2	12.5%
核电	41.5	13.9%
新能源发电	12.8	4.3%
其他	52.6	17.6%
合计	298.4	100.00%

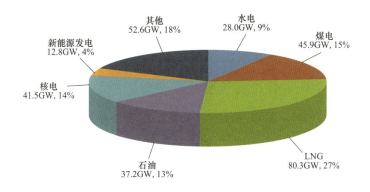

图 5-1　2017 年 3 月日本电力装机结构示意图

----

❶　日本经产省数据，不含私人发电设备。

核电：日本加快核电重启步伐，继 2017 年 5 月重新启动位于福井县的高滨核电站 4 号机组后，日本关西电力公司 6 月 6 日重启高滨核电站 3 号机组。这是 2011 年福岛核电站辐射泄漏事故发生后，日本第 5 台重新启用的核电机组。高滨核电站 4 号机组于 5 月 17 日重启，6 月中旬恢复商业运转。3 号机组于 7 月初恢复商业运转。日本国内反对重启核电站的声音依然很大，电力供应商还面临如何处理核电站产生的核废料等重大问题。

煤电：截至 2016 年底，日本共有 17GW 的新建煤电项目，处于从环境影响评估的早期阶段到建设期的不同阶段。所有项目都计划使用超超临界技术以达到政府要求。但超超临界技术并不适用于小型燃煤电厂，一些没有使用该技术的小型电力项目利用生物质燃料混燃实现减排。

（二）电网发展

截至 2017 年 3 月，日本各电压等级的输电线路（架空线）长度为 87 700km，地下电缆长度为 15 181km，建设速度较为缓慢，具体见表 5 - 2。

表 5 - 2　　　　　　　日本各区域输配电线路长度　　　　　　　km

地区		北海道	东北	东京	中部	北陆	关西
输电网	架空线	7942	14 734	14 781	10 843	3172	14 219
	地下电缆	363	456	6392	1386	142	4523
配电网	架空线	81 562	179 424	339 900	174 751	41 952	125 209
	地下电缆	1616	3582	19 592	4582	1416	6549
地区		中国	四国	九州	冲绳	合计	
输电网	架空线	7884	3296	9996	833	87 700	
	地下电缆	636	121	798	364	15 181	
配电网	架空线	97 191	53 502	169 002	10 425	1 272 918	
	地下电缆	3149	906	2100	448	43 940	

日本加速直流配电网研发。随着日本国内电力需求不断增长，能源供应链压力不断加剧，直流配电网逐渐成为日本能源供给领域的新趋势。近年来，可再生能源快速发展，低压直流配电网可以为分布式可再生能源消纳打开新的局

面。随着电力电子部件价格的下降，市场对直流配电网的接纳度和需求量将不断增加。

日本政府推行微电网，促进电力就地消纳。在日本大地震后，出现了引进有助于灾后复原的分布式能源系统的需求。2017年初日本推出首个微电网系统（区域配电系统）项目。项目位于南芦屋浜地区，该项目涵盖的每户家庭均安装了光伏发电、蓄电池和家庭能源管理系统。在该区域内，每户家庭的蓄电池均通过专用配电线连接。蓄电池控制单元能够将功率和电流反转并在家庭间共享电力。2017年，日本政府投资333.2亿美元用于国家复原计划，覆盖日本数十个城市，旨在推行微电网。

（三）电力供需

根据日本经济产业省的统计结果，2016财年❶（2016年4月－2017年4月），日本全国电力企业总发电量为907.5TW•h。其中火力发电794.4TW•h，占比87.5%；水力发电81.9TW•h，占比9.0%；新能源发电1.4TW•h，占比1.5%；核电17.3TW•h，占比1.9%。日本全国电力需求量为899.7TW•h❷，比2015年度提高6.9%。这是日本近四年来首次电力需求量出现增长。电力公司售电量共850.5TW•h，比2015年度增加1.5%，其中售电侧放开后新成立的售电公司（以下简称新售电公司）售电量共66.7TW•h，占全国电力公司售电量的7.8%。

5.1.3 市场概况

（一）电力市场结构

一是光伏企业破产数量增加。日本民间信用调查机构东京商工研究（TSR）公布调查报告指出，2017年日本光伏相关企业破产案件数量达到88

---

❶ 日本会计年度从每年4月份开始。

❷ 含自备电厂。

件，较 2016 年增加 35.4％，自 2000 年开始调查以来连续第 3 年创下历史新高纪录。在上述 88 件破产案件中，有 42 件起因于销售不振。2017 年日本光伏相关破产企业负债总额 285.17 亿日元，较 2016 年增长 17.6％，负债额连续第 4 年扩大，创下历史新高纪录。

二是新售电公司竞争激烈。日本售电侧全面放开后，市场竞争激烈。EN-NET 公司是新加入市场的售电公司中最大的一家，由两家天然气分销商东京燃气公司和大阪燃气公司与 NTT 设施公司合资成立。其中，NTT 设施公司还从事可再生能源开发和电力管理业务。由于持有发电资产，加上能够向那些对成本敏感的商业和工业用户销售电力，ENNET 的经营尤其成功。东京燃气公司现在也作为售电商参与竞争，并已成为日本第六大售电商。东京燃气以优质的客户服务而闻名，其提供的服务包括太阳能和燃料电池。另一家电信公司 KD-DI 凭借其庞大的客户群取得了成功，成为日本第八大售电商。该公司可以将旗下的电力、电话和网络服务捆绑成套餐销售。

（二）电力市场建设

日本电力交易所（JEPX）主要职能是为各电力公司、发电公司及售电公司开展电力余缺调剂交易提供平台。目前，JEPX 有三个交易市场：现货交易市场❶、期货交易市场❷和挂牌市场。受福岛核电事故影响，日本加大了电力交易的力度，交易量有了较大的提升。

自 2016 年 4 月售电侧全面放开以来，批发电力交易所交易量大增。特别是 2017 年夏季交易量显著提升，日交易量超过 1 亿 kW·h 的天数也较往年大幅提高（见图 5-2）。2017 年 7 月 6 日创下约 1.4 亿 kW·h 的最高纪录。

截至 2016 年 12 月，从日本批发电力交易所（JEPX）成员的电力采购情况来看，有 20％以上的售电公司对批发市场具有较强的依赖性，其 80％的电力需

---

❶ 2009 年 9 月 28 日起开展了半小时前电力交易。

❷ 包括月交易和周交易。

求在交易所购买。在这些参加交易的售电公司中，也包括代表多家售电商进行交易的企业，因此对市场交易高度依赖的企业实际数量预计会更大。

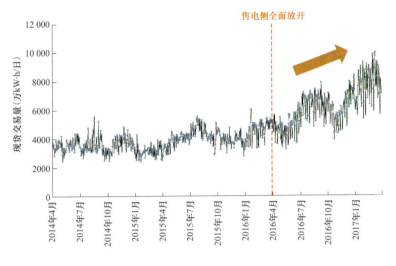

图 5 - 2　2017 年日本电力交易所现货交易量

5.1.4　电力价格

（一）批发电价

日本批发电力市场价格的走势如图 5 - 3 所示，可以明显看出随季节的变化、电力需求不同带来的价格起伏。7、8 月用电高峰电价上涨，而 4、5、10、11 月用电淡季电价下降。整体来看，自 2016 年 4 月售电市场全面放开以来，日本电力交易所电力批发现货价格一直稳定在较低的 7～8 日元/（kW•h）左右，2017 年初略有上升，维持在 10 日元/（kW•h）左右（见图 5 - 3）。

（二）零售电价

日本大地震以来，电力供应不足，原油价格飙升，日本零售电价一直呈直线上升趋势。2014 年，受原油价格下跌（见表 5 - 3）等因素影响，日本零售电价出现首次下降，2016 年度家庭电费平均单价较灾前高出 10％ 左右，工业用电高出约 14％（见图 5 - 4）。

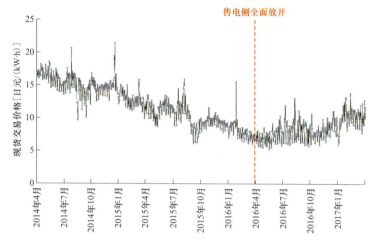

图 5-3　日本电力交易所批发现货交易价格

图 5-4　日本历年零售电价走势图

表 5-3			日 本 原 油 价 格 走 势				日元/L
年份	2010	2011	2012	2013	2014	2015	2016
原油价格	79.4	95.1	94.1	97.9	93.1	48.8	47.5

（三）可再生能源拍卖价格

日本经济产业省负责制定可再生能源收购价格的采购价格算定委员会公布了 2018 年度的收购价格方案，而该价格方案在获得经济产业大臣许可后，于 2018 年 3 月底最终定案。其中，2018 年度 10kW 以上的产业用光伏发电收购价格，较 2017 年度的 21 日元/（kW·h）❶调降 14％至 18 日元/（kW·h）。这是日

---

❶ 指不含税价格，下同。

本光伏发电收购价格连续第 6 年调降，且价格不到 2012 年 7 月开始引入光伏发电收购制度❶时的一半水准。

5.2 日本电力市场化改革相关事件分析——日本售电侧放开进展情况分析

日本售电侧采取逐步放开方式，2000 年 3 月，日本开始放开 20kV、2000kW 以上工业用户；2004 年 4 月，日本决定将放开 20kV、500kW 以上工业用户；2005 年 4 月，进一步放开 50kW 以上工业用户。

日本新一轮电力市场化改革方案提出全面放开售电市场，允许所有用户（包括居民）自由选择售电商。2016 年 4 月，日本实现售电侧全面放开。为保证平稳过渡，居民用电仍受到部分电价管制，将于 2020 年全面解除。下面就日本售电侧放开情况展开分析。

5.2.1 售电市场建设主要措施

为了在电力零售领域通过竞争提高效率，日本政府采取多种措施完善售电市场机制建设，主要包括以下四方面。

一是成立电力市场监管委员会，加强电力零售市场监管。加强售电公司准入资质、售电业务实施情况、电网企业中立性等方面的监管。

二是建立保底供电商机制。在充分竞争的同时，为保障电力安全稳定供应，日本政府要求国内电网企业（主要是十大电力公司）建设维护输配电网、保持频率稳定、以保底供电商的身份供电。

三是成立广域系统运行协调机构。广域系统运行协调机构主要负责协调国内各区域电网的调度机构，促进电力跨区交易。为加强电源建设、保证售电市

---

❶ 日本引入光伏发电收购制度时收购价格为 40 日元/（kW·h）。

场竞争充分，广域系统运行协调机构还负责组织建立电源建设竞标体系，向全社会公开招标建设电源，改变以十大电力公司主导电源建设的局面，吸引更多的社会资本参与电源建设，以加快电源建设，确保电力供应。

四是允许十大电力公司继续从事售电业务。为保障市场化售电业务平稳开展，日本政府允许十大电力公司从事市场化售电业务，并按照目前管制价格向小规模电力用户、孤岛用户等暂无法进入市场的用户继续供电。

5.2.2　售电公司组建情况

截至 2017 年 12 月，日本共有 418 家售电公司获批成立。自 2016 年 4 月售电市场全面放开以来，售电公司增加了 157 家。经过一年多的经营，各售电公司已经呈现出各自的特点。下面以 2016 年实际开展售电业务的 280 家售电公司❶的调查结果分析售电公司的经营范围及售电规模情况。

（一）经营范围

根据用户类型划分，280 家售电公司中，79 家公司仅向工业用户供应，7家公司仅向居民用户供应，131 家公司工业、居民用户都供应。根据销售区域数量划分，售电公司可分为三类：全国部署类型（4 个以上区域）共 62家；城市区域类型（2 至 3 个区域）共 56 家；区域限定类型（单区域）162 家。

（二）售电规模

280 家公司中，售电规模超过 1 亿 kW·h/月的公司共 13 家，约占总数的 4%；1000 万～1 亿 kW·h/月的公司共 50 家，约占总数的 14%；100 万～1000万 kW·h/月的公司共 98 家，约占总数的 27%；10 万～100 万 kW·h/月的公司共 89 家，约占总数的 25%；10 万 kW·h/月以下的企业共 30 家，约占总数的 8%。售电规模超过 1 亿 kW·h 的售电公司多数由大型工业企业、地方燃气、石

---

❶　不包括十大电力公司的零售业务。

油公司成立，具有较强的经济实力。

5.2.3 售电公司经营发展情况

（一）丰富的电价套餐

从德国、美国等国家实践经验来看，各国在售电侧放开后，提供丰富的电价套餐是售电公司吸引顾客的主要手段。日本各售电公司也创新提出了多种售电方案，总体来看可分为四种套餐类型（见图5-5）。套餐一电费由基础电费和电量电费两部分组成，无论是否使用电力，用户均需支付一部分基础电费，相当于电话费中的月租费；套餐二设有最低消费；套餐三使用单一电价；套餐四采用定额电费制，用户支付包月费用后，可随意使用电力。除此四种基本电价套餐外，日本售电公司还推出了分时电价套餐❶、按照用户每天行走步数给予用户折扣、按照用户节电量给予奖励等营销策略。

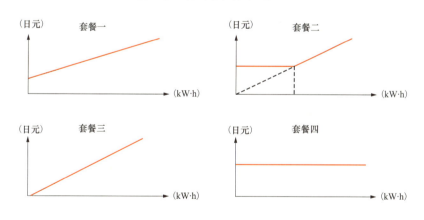

图5-5 日本售电公司电价套餐

（二）市场占有率

电力零售市场中，售电公司的市场占有率持续增加，如图5-6所示。截至2017年6月，从售电量来看，新售电公司约占11.3%；其中，超高压/高压领域约占13.7%，低压领域约占5.8%。

---

❶ 不同时间收费不同，特定时间免电费。

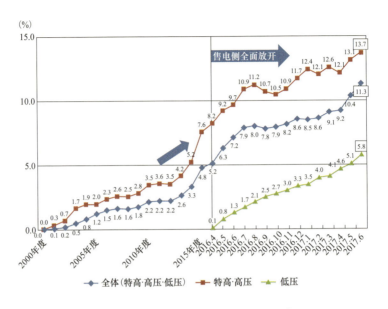

图 5-6 日本售电公司市场占有率

5.2.4 售电侧放开成效评估

（一）用户更换率

截至 2017 年 6 月，低压用户更换售电商次数约有 665 万次，更换率约 10.6%。其中，用户更换售电商次数约 377 万次，占 6.0%；在原十大电力公司内部由管制价格合同转为市场化售电合同次数约 289 万次，占 4.6%。图5-7 显示合同更换数量呈现持续稳定上升的趋势。从更换率来看，合同更换率水平并不高，这是因为客户需要时间来了解售电侧放开后新市场的情况、更换售电商的好处以及转换程序烦琐程度。

（二）促进跨区电力交易情况

新一轮电力体制改革之前，日本十大电力公司在各自经营区域内基本自给自足，跨区输送电力较少。各区域电力系统之间甚至使用不同频率。广域系统运行协调机构成立后，跨区电力调度协同加强。随着售电侧的全面放开，十大电力公司跨区售电合同量激增，有力地促进了电力跨区输送。据统计，2016 年 4 月－2017 年 1 月期间，原十大电力公司增加了 100 987 个跨区售电合同。

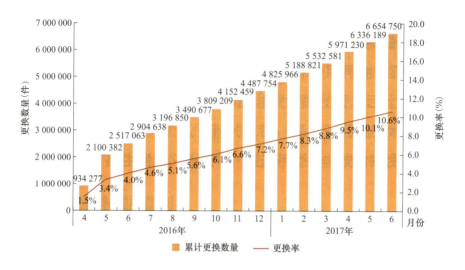

图 5-7　日本售电市场全面放开后合同更换数量的变化

（三）零售市场价格

图 5-8 展示了东京电力辖区内低压电费和批发市场价格的季节变动。平均而言，转换到新电力公司的电价会稍低。但是在夏季用电高峰时期，十大电力公司的零售价格和转换到新售电公司的零售价格几乎相同。另外，批发市场价格在夏冬用电高峰时较高，此时售电公司所能赚的利润较少。春秋用电低谷时批发市场价格较低，售电公司的利润则较高。

图 5-8　东京电力辖区内低压电费趋势

（四）满意度调查

在 2017 年 4 月的合同更换意向调查中，大约有 5％的用户表示希望在 6 个月内更换售电商或电力供应合同，这显示仍有许多潜在的合同更换需求。此外，约有 40％的用户表示不会考虑更换合同，主要理由包括"没有感觉到更换的好处""已习惯于现在的售电商"等，也可以说，对现状没有不满意。在合同更换后的满意度方面，合同更换为新售电公司的用户有 60％以上回答满意；在十大电力公司中更换合同的用户则约有 30％回答满意，如图 5-9 所示。

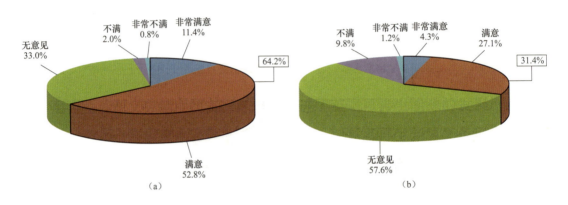

图 5-9　合同更换后的满意度调查

（a）合同更换为新售电公司的用户；（b）在十大电力公司中更换合同的用户

5.2.5　日本售电侧放开经验总结

日本售电侧放开的实践经验主要包括以下几个方面：

一是日本售电侧采取逐步放开的方式，注重立法先行。日本放开用户选择权历经 10 余年，按照电压等级逐步放开，保证平稳过渡。在每次实行改革之前均对《电气事业法》进行修改，随后才实行相关改革，以法律指导改革实施。

二是成立广域系统运行协调机构，促进跨区售电市场交易。日本成立全国性的机构协调各个区域的电力调度，旨在打破电力供应的地区局限性和难以大范围利用发电资源进行相互支援等问题，促进全国范围的售电市场交易。

三是售电市场和批发市场协调发展。部分售电公司对批发市场依赖度较高，售电市场的运作需要依托于批发市场。日本在售电侧全面放开前，批发市场交易量常年维持较低水平。售电侧全面放开后批发市场交易量激增，实现售电市场和批发市场的协调运转。

四是培育多元化售电主体，提供丰富的价格套餐。日本各售电公司经营范围不同，通过提供丰富的电价套餐和个性化的服务吸引顾客。新售电公司的零售电价稍低于十大电力公司，合同更换为新售电公司的用户满意度高于在十大电力公司中更换合同的用户。

6

澳大利亚与新西兰电力市场化改革最新进展

澳大利亚与新西兰电力市场改革主要历程

1987 年　新西兰政府改革电力部，将其公司化运作，成立了新西兰电力公司（New Zealand Electricity Corporation，ECNZ）。

1990 年　澳大利亚国有垂直一体化电力企业被拆分为发、输、配、售 4 个环节，发电和售电环节首次引入竞争。

1991 年　澳大利亚国家电网管理委员会（National Grid Management Council）成立。

1992 年　新西兰制定《电力法案》（Electricity Act 1992），取消了供电专营区的限制，用户可以自由选择供电公司，供电公司要将配电成本和售电成本分开。

1993 年　新西兰政府将输电业务从新西兰电力公司分离出来，成立单独的输电公司 Transpower 拥有并负责电网运行。

1996 年　澳大利亚国家电力法通过，国家电力市场管理公司（NEM-MCO）成立。

1998 年　新西兰政府发布《电力行业改革法案 1998》，禁止配电和售电互相拥有产权，政策放宽允许配电网拥有小型分布式可再生能源电源。

1998 年　澳大利亚国家电力市场开始运营，包括昆士兰、新南威尔士、维多利亚、南澳和首都特区。昆士兰未与其他地区相连。

2004 年　澳大利亚能源市场委员会（AEMC）和澳大利亚能源监管机构（AER）成立。

2005—2006 年　塔斯马尼亚加入澳大利亚国家电力市场，在 2006 年实现与国家电力市场物理互联。

2009 年　成立了澳大利亚能源市场运营机构，涵盖了原国家电力市场管理公司的职能。

2009 年　新西兰设立安全性与可靠性委员会对国有电网运营商 Transpower 进行监测并提供安全供电建议。

2010 年　新西兰商业、创新和就业部批准实施《电力行业法案 2010》，撤销了配电业务和售电业务必须产权分离的要求，满足相关条件下可同时开展配电和售电业务。

2016 年　北领地正式纳入澳大利亚《国家电力条例》。

2017 年　AEMC 通过了对当地电力市场结算规则进行修改的草案，将实时市场财务结算的时间间隔由 30min 调整为 5min。

澳大利亚是较早进行电力市场化改革的国家，对垂直一体化公司的发输配售四个环节进行了产权拆分，在发电和售电环节首先引入了竞争机制。目前，澳大利亚除北部特区与西澳大利亚之外，其他各州已形成发、输、配、售分开，发电侧和售电侧竞争、输配电政府管制、公司化运营的管理体制。

新西兰的电力市场化改革起步于 20 世纪 80 年代末。为了提高市场竞争效率，避免各业务的交叉补贴，新西兰在 1998 年，颁布《电力行业改革法案1998》要求发电和售电、配电和售电业务进行产权分离，实现发、输、配、售各环节独立运作，在发电环节和售电环节引入竞争。在 2010 年，新西兰又颁布《电力行业法案 2010》，明确配电业务在接受严格监管的情况下，允许配售一体化运营。通过新西兰统计局发布的消费者价格指数（CPI）数据来看，新西兰一系列售电侧改革措施，使得售电侧充分竞争，2010 年以来在一定程度上遏制了终端价格的过快上涨。

6.1 澳大利亚电力市场化改革进展概况

6.1.1 政策法规

2018 年 1 月，AER 发布了零售价格信息指南的草案，旨在降低零售套餐信息的复杂性，使用户能够更容易地比较售电套餐。该草案的主要内容包括：一是要求零售商向用户提供更加清晰的售电套餐信息，包括估计的账单金额等，以便于用户比较不同的售电套餐；二是要求售电商确保提供给用户的套餐信息可以在能源价格比较网站 Energy Made Easy 中查询和比较，进而帮助用户找到最适合自身需求的售电套餐；三是要求售电商及其代理商在销售和发布售电套餐时对其中的术语进行解释说明。

2018 年 3 月，AER 发布了电力批发市场的监测办法。该办法将指导形成第一份全面的批发市场长期监管报告，并向澳大利亚政府理事会就市场竞争的有效性和电力市场的有效运作提供建议。该监测办法除了分析现货市场，还将考虑监测以下内容：一是电力金融衍生品交易，以提高场外交易信息的透明度和发布质量；二是可再生能源目标（RET）和大规模发电证书市场（LGC）交易；三是频率控制辅助服务（FCAS）市场交易，并评估 FCAS 市场竞争效率；四是需求侧响应参与市场的情况。

6.1.2 电力发展

（一）电源建设

2017 年度，澳大利亚总装机容量约为 44.1GW，其中燃煤发电机组的装机容量为 21.2GW，占总装机容量的 48.1%；天然气发电机组的装机容量为 9GW，占总装机容量的 20.5%；水电装机容量为 7.5GW，占总装机容量的 17.1%；风电的装机容量为 3.9GW，占总装机容量的 8.8%；光伏发电的装机容量为 0.2GW，占总装机容量的 0.5%；其他装机容量为 2.3GW，占总装机容量的 5%。截至 2018 年 3 月，澳大利亚国家电力市场新批准的电源规划项目达到 4391MW，其中风电 2023MW，光伏发电 1877MW，天然气发电 210MW。

（二）电网建设

截至 2017 年底，澳大利亚架空输电线路总长度达到 183 386km，地下电缆线路总长度达到 8717km。线损率为 6%，线路整体利用率达到 30%。架空输电线路和地下电缆线路的具体信息见表 6 - 1、表 6 - 2。

表 6 - 1 　　　　　　　　　　**2017 年架空输电线路信息**[1]

电压等级（kV）	线路长度（km）	平均容量（MV·A）
6.6	19	1
11	70 409	2
22	42 441	3

[1] 数据来源：澳大利亚能源管理局。

续表

电压等级（kV）	线路长度（km）	平均容量（MV·A）
33	5394	7
66	7650	25
110	21	106
132	2155	127
220	3	213

表 6-2　　　　　　　**2017 年地下电缆线路信息❶**

电压等级（kV）	线路长度（km）	平均容量（MV·A）
11	2179	5
22	333	8
33	48	21
66	34	77
132	10	185

（三）电力供需

2016—2017 年度澳大利亚总发电量为 196.5TW·h，其中燃煤（包括黑煤与褐煤）发电量为 150.9TW·h，占比为 77％；天然气发电量为 17.6TW·h，占比为 9％；水电发电量为 15.5TW·h，占比为 8％；风电发电量为 10.6TW·h，占比为 5％；光伏发电量为 0.6TW·h，占比为 0.3％；其他电源发电量为 0.1TW·h，占比 0.7％。2016—2017 年度澳大利亚电力供需总体平衡。

6.1.3　市场概况

（一）电力市场结构

2017 年，除北部特区与西澳大利亚之外，澳大利亚其他各州已形成发、

---

❶　数据来源：澳大利亚能源管理局。

输、配、售分开，发电侧和售电侧竞争、输配电政府管制、公司化运营的管理体制。电力监管机构包括：①澳大利亚政府理事会（Council of Australia Governments，COAG）为最高监管机构，负责制定总体能源战略；②能源理事会（Energy Council，EC），总体负责能源资源政策的制定和市场发展；③澳大利亚能源监管机构（Australia Energy Regulator，AER）具体负责监管政策和市场政策执行；④澳大利亚能源市场委员会（Australian Energy Market Commission，AEMC）具体负责制定能源市场规则；⑤澳大利亚能源市场运行机构（Australia Energy Market Operator，AEMO）具体负责能源市场的运作；⑥澳大利亚能源消费者协会（Energy Consumers Australia，ECA），维护能源消费者的权益，代表能源消费者进行发声，增强能源消费者特别是居民和小型工商业能源用户在能源政策制定中的话语权。澳大利亚电力市场结构如图 6 - 1 所示。

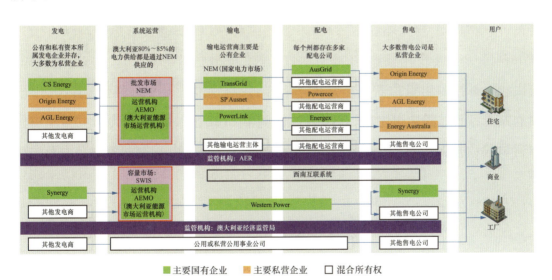

图 6 - 1　澳大利亚电力市场结构❶

澳大利亚发电环节有 5 大发电企业，国家电力市场范围内有 5 家州内输电

---

❶　数据来源：彭博新能源财经。

公司、3 家跨州输电公司和 13 家配电公司，售电市场的市场集中度较高，全国范围内有 4 家规模较大售电企业。澳大利亚电力市场主体及市场份额组成情况如图 6-2 所示。

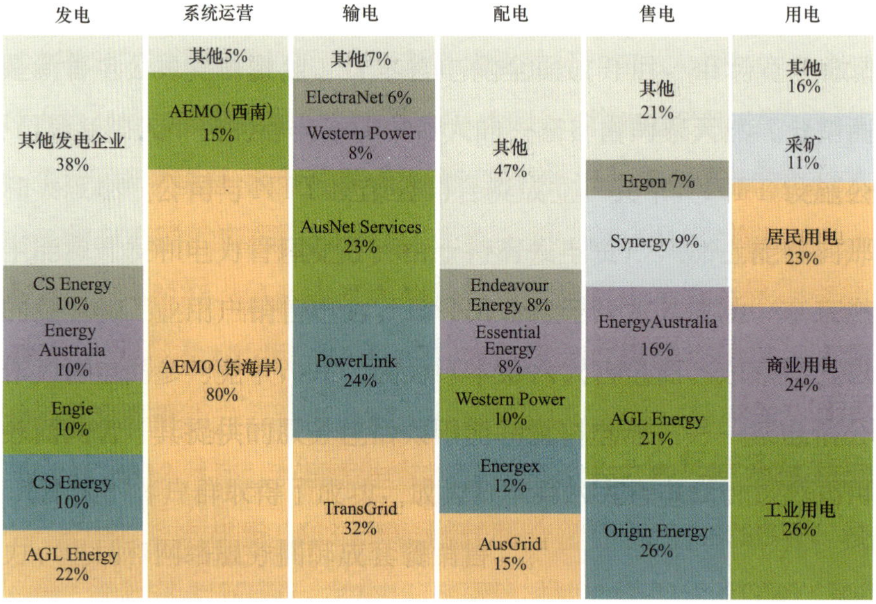

图 6-2　截至 2017 年底澳大利亚电力市场主体及市场份额组成 ❶

（二）电力市场建设

澳大利亚有两个电力市场：国家电力市场（NEM）和西澳大利亚电力市场。国家电力市场分为电力批发市场和电力金融市场。电力批发市场采用电力库（Pool）模式，AEMO 负责集中交易和调度。对于受 AEMO 调度的机组，所有电能交易都必须通过集中交易平台进行交易。2016—2017 年度，澳大利亚国家电力市场的成交金额为 166 亿澳元。为了降低电力批发市场价格波动的风险，发电商和零售商也可选择参与电力金融市场，在政府批准的证券期货交易所进行交易。2017 年澳大利亚国家电力市场建设主要有三方面进展。

---

❶　数据来源：彭博新能源财经。

一是 AEMC 发布了改善电力批发市场和辅助服务市场的草案。2017 年 9 月 19 日，澳大利亚能源市场委员会（AEMC）发布了一项决议草案，决定目前暂不将电力系统惯性辅助服务引入电力市场中，但将继续对频率控制方案进行审查，评估惯性辅助服务市场机制在未来的可行性。2017 年 11 月 28 日，AEMC通过了对当地电力市场结算规则进行修改的草案，将财务结算的时间间隔调整为 5min，与实时调度间隔一致。此举将促进发电商对快速负荷响应技术的投资，充分发挥市场的价格发现作用。此外，这一重要举措还将有助于电力供需的实时平衡，并推动电网消纳更多可再生能源。

二是 AEMC 对澳大利亚零售市场进行了评估，并发布了相关规则规范零售商。2017 年 10 月 26 日，AEMC 在国家能源零售竞争评估中发现，由于零售电价持续飙升，零售商的售电服务复杂混乱，居民用户和小企业对零售市场的信心和满意度严重下降。大量用户开始使用自家屋顶太阳能发电，以降低能源费用。为改善电力零售市场，AEMC 要求零售商改变其定价方式和产品类型，为消费者提供更容易理解的套餐信息，并更加积极主动地与消费者群体建立联系；让消费者获取消费数据的途径更加便捷，在用能管理和电费管理方面提供技术支持和教育。

三是 AEMO 推出了用户选择权计划（Power of Choice，PoC）以便于用户做出更加明智的选择。PoC 计划执行后，AEMC 于 2017 年 12 月 1 日发布了用户电力选择规则，方便用户选择和切换零售商。该规则还将促进用户更好地响应电力价格信号，最终提升用户管理电费的水平。

6.1.4　电力价格

根据澳大利亚能源监管机构（AER）发布的数据，按照电力需求加权平均后，图 6-3 显示了澳大利亚国家电力市场辖区内昆士兰、新南威尔士、维多利亚、南澳大利亚和塔斯马尼亚 5 个州每周的电量加权平均电价。从图中可以看出，由于夏季负荷供应紧张，在 2017 年 1 月和 2 月出现了 508 澳元/（MW·h）

和 646 澳元/（MW·h）两个尖峰电价。

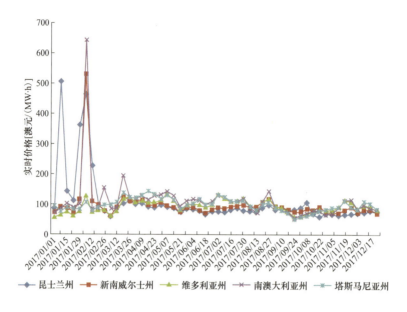

图 6-3　2017 年澳大利亚国家电力市场电量加权平均电价

根据图 6-4 可以看出，在澳大利亚国家电力市场中，每年第一季度的平均电价在所有季度中最高，而且近 5 年电价呈现出逐渐升高的趋势。

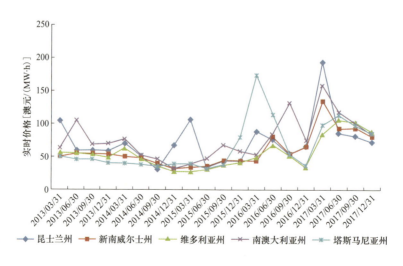

图 6-4　2013—2017 年澳大利亚国家电力市场季度平均电价走势

6.2 新西兰电力市场化改革进展概况

6.2.1 政策法规

2017年6月7日，新西兰电力局发布了关于制定2017年电力行业参与法规修正案（认证报告修正案）的通知。该修正案希望实现三个目标：一是通过提高零售商获得现货市场数据的可能性，消除市场竞争障碍；二是通过减少计量装置重新认证成本来提高市场效率；三是通过向客户推出新的创新产品和服务来促进市场创新。

6.2.2 电力发展

（一）电源建设

2017年新西兰总装机容量为9.5GW，各类型发电装机容量及占比情况见图6-5。从图中可以看出，新西兰电力工业以水电为主，在总装机容量中占比达到57%；大型风力发电总装机达到0.683GW，在总装机容量中占比达到7%。

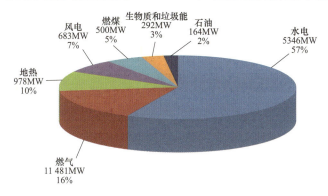

图6-5　新西兰2017年各类型发电装机容量及占比情况❶

（二）电网建设

新西兰的输电系统包括超过12 000km的高压输电线路和170多个变电站。

---

❶ 数据来源：新西兰统计局与商业、创新和就业部。

该国输电基础设施的主干网由多条 220kV 输电线路组成。

新西兰国家电网由 Transpower 拥有、运营、维护和开发。根据与电力局的协议（电力行业法 2010），Transpower 也是电网运营商。作为国家电网的所有者和运营商，Transpower 每两年制定一次电网规划报告。根据新西兰商务委员会批准的电网资本支出提案，Transpower 将在 2012 年至 2022 年间投资 50 亿美元来升级关键基础设施。

新西兰的电网较为先进，线路损失较低。2017 年线损为 2.9TW•h，占总发电量的 6.7%，比 2016 年下降 4.9 个百分点。预计未来新西兰电网线损率将保持平稳。

（三）电力供需

2017 年新西兰总用电量为 38.8TW•h，同比下降 0.6%。在各个产业中，工业用电比重为 37%，商业用电比重为 24.8%，居民用电占到 31.7%，农业第一产业用电占到 6.5%。2017 年新西兰总发电量为 43.0TW•h，同比增加 1.1%，其中水电、地热、风力、生物质发电和垃圾发电等可再生能源发电比重占到 82%。从历年统计数据来看，新西兰电力供需自 2008 以来一直相对平稳，未出现供需紧张的情况。

6.2.3 市场概况

（一）电力市场结构

新西兰 5 家大型发电公司 Contact Energy、TrustPower、Genesis Energy、Meridian Energy 和 Mighty River Power，占据新西兰绝大部分发电市场份额，同时也占据零售市场最大份额。新西兰电力领域的管理机构主要有电力管理局（EA）、商业、创新和就业部（MBIE）、商务委员会（CC）和环境部（MfE）。EA 负责管理和执行几乎涵盖新西兰电力行业各个方面的市场规则，包括发电、输电、系统运行、供应安全、市场安排、计量、分销和零售。EA 通过与服务提供商签订合同，委托服务商运营新西兰电力市场。因此，EA 更多的是承担监管的角色，并不负责处理具体的市场数据和提供实时的市场服务。MBIE 负责监控电力市场并提供建议，包括监控电力市场监管机构（EA）。商务委员会负责评估和批准由 Transpower 编制的投资于国家电网的资本支出提案，并监督电力线服务的效率、质量和定价。环境部负责监督 1991 年资源管理法的实施，管理建筑项目和其他开发项目的资源环境许可书，还参与可再生能源发电和输电政策的制定。新西兰电力市场结构、市场主体及市场份额组成情况分别如图 6-6、图 6-7 所示。

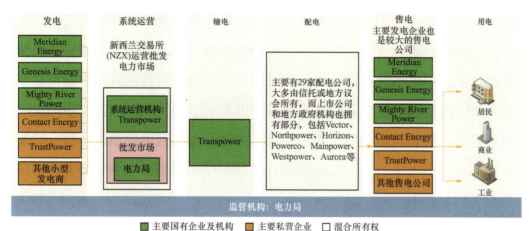

图 6-6　截至 2017 年底新西兰电力市场结构❶

（二）电力市场建设

新西兰批发电力市场主要包括现货市场和对冲市场，购售电主体向批发市场信息和交易系统（Wholesale Information and Trading System，WITS）提交报价，调度机构进行校核确定最终接收的报价，由 WITS 每半小时计算并公布一次现货市场价格。除了直接从现货市场购买电力，零售商和大型工业用户也可以通过金融合同（通常被称为对冲）来平抑现货价格的波动。

6.2.4 电力价格

近年来新西兰居民价格处于较稳定水平，从历史数据来看，自《电力行业

---

❶　数据来源：彭博新能源财经。

法案 2010》实施至今，新西兰居民电价年增长率保持在 2％左右。如图 6-8 所示，与 2016 年相比，2017 年居民零售电价上涨了 2.4％。

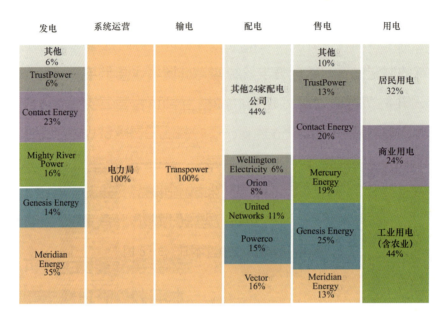

图 6-7 截至 2017 年底新西兰电力市场主体及市场份额组成❶

图 6-8 2005—2017 年新西兰居民电价数据❷

---

❶ 数据来源：彭博新能源财经。
❷ 数据来源：新西兰电力管理局。

6.3 澳大利亚与新西兰电力市场化改革相关事件分析——澳大利亚促进可再生能源消纳的市场机制分析

6.3.1 澳大利亚可再生能源发展的现状及趋势

澳大利亚总理 Tony Abbott 于 2015 年在巴黎气候变化大会上签署了《国家能源保障》（National Energy Guarantee，NEG）协议。该协议声称到 2030 年，澳大利亚的碳减排水平将比 2005 年时减少 26%，并承诺向国民提供更便宜、更清洁和更可靠的电力。截至 2017 年，澳大利亚的风电装机达到 4.1GW，比 2008 年增长了 325%；大型光伏电站从 2008 年的 0MW 增加到 265MW。根据联合国环境署发布的《2018 年全球可再生能源投资趋势报告》，澳大利亚 2017 年完成可再生能源领域投资 85 亿美元，较上年增长 147%，位居全球第六。

从 2017 年至 2030 年，澳大利亚陆地风电和光伏发电的装机、发电量预测趋势图如图 6‑9 和图 6‑10 所示。可以看出，小型光伏电站的装机容量和发电量在未来上升的速度最显著。从图 6‑10 也可以看出，可再生能源发电量在总发电量中的占比也是一路攀升，到 2030 年可再生能源的发电量将达到总发电量的 45%。

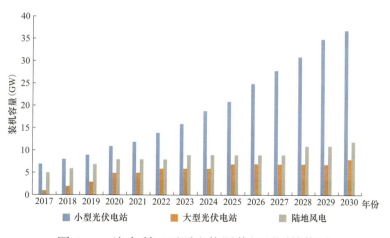

图 6‑9　澳大利亚可再生能源装机预测趋势图

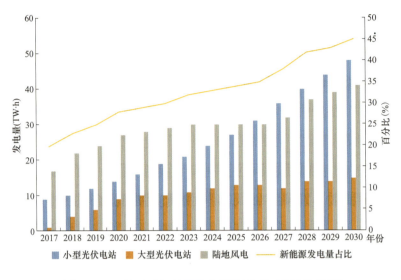

图 6‑10　澳大利亚可再生能源发电量测趋势图

6.3.2　可再生能源对澳大利亚国家电力市场的影响

近年来，由于电网过度投资后用户需要分摊的成本增加，燃煤机组的退役以及天然气价格的上涨，澳大利亚国家电力市场电力价格持续上涨。在新南威尔士州天然气价格上涨约 10％，电价上涨约 20％，这给企业和居民带来巨大压力。随着可再生能源机组的大量并网，其出力的不确定性增加了电力系统维持供需实时平衡的难度，电力价格的波动将更加剧烈，最终导致电力市场中尖峰电价出现的频率增加、价格升高，这很容易引发电力用户对电力市场的不满。为了降低电力市场价格波动的影响，截至 2017 年底，澳大利亚有超过 180 万户的家庭和企业安装了光伏系统，其中有 16 万户是 2017 年新增的。平均来说，澳大利亚 20％的家庭都安装了光伏，在某些城市区域，这一数字可能超过了 50％。

另外，由于可再生能源发电机组不是同步电机，具有较低或没有物理惯性，因此，新的电源结构将导致澳大利亚国家电力系统的惯性供应减少，如果某台大容量发电机组脱网或关键输电线路故障，很可能导致澳大利亚国家电力系统出现大面积停电事故。因此，可再生能源的大量并网对澳大利亚电网的安全运行也带来了新的挑战。

6.3.3 澳大利亚电力市场促进可再生能源消纳的优化措施分析

为了减少风电、光伏发电等可再生能源机组出力不确定性对澳大利亚国家电力市场功率实时平衡的影响，AEMC 对 NEM 实时市场的价格机制进行了优化。针对可再生能源大量并网后澳大利亚国家电力系统惯性下降的问题，AE-MC 对 NEM 辅助服务市场进行了完善。下面将介绍 NEM 的具体优化措施。

（一）澳大利亚实时市场的优化

20 世纪 90 年代，受计量和数据处理设备的技术限制，NEM 早先采用 5min 调度和 30min 结算的时间间隔，发电机组获得的实际费用为"每 30min 内共 6 次调度的平均价格"。由于 30min 结算机制不能有效区分真正的快速响应和较慢的响应，不但会削弱对灵活调度机组投资的激励作用，更会延迟发电商的运行决策行为，使电力系统的响应滞后 25min。因此，当前的结算规则很难适应大量可再生能源并网后的新电力市场运行环境。

为此，2015 年 12 月，Sun Metals 公司向 AEMC 提交了一项电力市场规则变更提案，建议电力批发市场的交易结算时间间隔从当前的 30min 降至 5min，以保持财务结算与调度的时间间隔（5min）一致。历时近两年后，AEMC 于 2017 年 11 月 28 日审议通过了该草案，AEMC 对实时市场的结算规则进行了修改，将实际电力调度和财务结算的时间间隔统一调整为 5min。

NEM 对日内现货市场中发电企业的财务结算方式调整后，发电机组若能对电力系统中的不平衡量做出快速响应，就可以得到奖励。因此，新的市场结算规则将提供明显的价格信号激励发电商对电力系统的负荷波动做出快速响应，这将极大地提高电力系统应对可再生能源出力不确定性带来运行风险的能力。同时，为了获取更高的利润，发电商会加大对快速响应机组的投资，进而推动快速响应技术在电力系统功率平衡方面做出更多贡献。最终，整个电力系统的调度灵活性得到增强，平衡电力供需关系的能力得到提升，进而为澳大利亚电力系统消纳更多可再生能源创造有利条件。

（二）澳大利亚辅助服务市场的优化

为了解决可再生能源大量并网后造成澳大利亚国家电力系统的惯性降低的问题，2017 年 9 月 5 日，AEMC 发布了一份 AGL 能源公司提出的有关市场规则变更请求的草案。该草案提出了电力系统惯性辅助服务的市场机制。新发布的草案拟解决频率管理的优先问题，特别是规定了为维持系统安全运行，输电网运营商需要提供的最低惯性水平将与额外的频率控制服务区分开。如果市场成员提供了额外的频率服务、增加了电网传输功率，可以得到经济上的额外奖励。2017 年 9 月 19 日，AEMC 就澳大利亚惯性辅助服务市场草案做出最终裁定：AEMC 声明支持发展竞争性市场，以提供系统服务并实现消费者利益最大化。然而，鉴于目前的电力系统的运行条件，了解最近引入的新监管框架的实际结果后，AEMC 认为此时为市场利益引入额外惯性的市场机制不符合国家电力目标。最后审议结果规定输电网络服务商（TNSP）有义务提供维持电力系统安全运行所需的最低惯性水平。该规定将于 2018 年 7 月 1 日开始执行，并要求 TNSP 最晚要在 2019 年 7 月 1 日之前具备提供系统所需最低惯性水平的能力。

虽然澳大利亚的惯性辅助服务市场最终没有通过审议，但是面对正在转型的电力市场，AEMC 还采取了很多其他措施来提高系统的惯性水平。AEMC 重新评估了当前频率控制辅助服务（FCAS）的市场框架，并考虑了两方面优化措施：一是在当前的 6s 应急服务中，如何最恰当地纳入快速频率响应（FFR）服务，或者加强对 FFR 服务的激励；二是有那些长期选择可以促进 FCAS 和惯性规定之间的共同优化。另外，作为一揽子电力市场安全义务计划的一部分，AEMC 要求所有 2018 年下半年后并网的新发电机（无论是同步还是非同步）必须具有快速频率响应能力，以实现有源功率的快速控制。

澳大利亚辅助服务市场的优化，将显著减少可再生能源接入后系统惯性下降带来的安全稳定问题，从而为 NEM 提供一个安全可靠的运营环境。

7

印度电力市场化改革最新进展

印度电力市场化改革主要历程

1960 年后　印度的电力工业逐渐由殖民地时期的私有企业变为全部由国家垄断，并先后成立了印度电力部（MOP）和印度中央电力管理局（CEA）等电力管理部门，在邦内成立了发、输、配、售垂直一体化的各邦电力局（SEB）。

1991 年　出台《电力法（修订）》，主要是对私人和外国资本开放发电环节，鼓励建设独立发电企业。

1992—1993 年　成立国家电网公司、国家水电公司、国家火电公司等机构，一些邦开始拆分发、输和配环节，在德里和奥里萨邦开始配电公司私有化。

1998 年　成立中央电力监管委员会和 18 个邦电力监管委员会，同时输电和配电公司开始向私有资本开放，成立了中央输电公司和邦输电公司。

2001 年　印度政府通过《2001 电力法案》，简化中央电力局的审批程序，对私人投资输电领域发放许可证，赋予邦电力部门更大权力等。

2003 年　颁布新的电力法。法案取消了发电许可证制度，并且给予邦电力监管委员会更大的权力，不仅发放输电、配电和电力交易的许可证，还决定邦内的输电定价问题。该法案将促进电力行业竞争作为主要目标之一。

2005 年　颁布了与 2003 年电力法案相应的国家电力政策，开始执行输、配电网开放接入。

2006 年 颁布与 2003 年电力法案相应的农电政策，提出在 2009 年之前实现户户通电、以合理的价格提供高质量和可靠的电力供应、在 2012 年之前实现每个家庭每天 1 单位的最低生命线消费；颁布了国家电价政策。

2008 年 颁布《输电项目鼓励竞争指南和输电服务竞标指南》。

2009 年 发布《大型电力项目规划》（修订版）。

2011 年 完成 6 项跨邦输电项目私有化招标。

2012 年 出台有关跨邦输电持照者运行标准的监管条例，规定了跨邦输电执照者的运行标准和相关惩罚措施；发布关于交易许可证的授予程序、条款与条件（第一次修订）的监管条例。

2013 年 印度中央电力监管委员会（CERC）出台了"2008 跨邦输电开放接入的规定的第二次修订版"。

2014 年 印度中央电力监管委员会出台了《电价规则和条件法规》《电力市场（第一次修订）法规》。

2015 年 印度中央电力监管委员会发布了《辅助服务运营法规》。

2016 年 印度中央电力监管委员会出台《偏差结算机制和相关问题（第三次修订）法规》，加入了对新能源发电方的优惠条款。

2017 年 印度中央电力监管委员会发布《印度新能源税务条例》，对新能源发电项目予以特别的税务优惠，在调度上予以优先接入。

2018 年 印度中央电力监管委员会发布《跨邦输电费用和损失共享条例》（第五修正案）。

印度的电力市场化改革起步于 20 世纪 90 年代初，并在 2003 电力法案颁布后进入了新一轮改革和较快发展时期。总体上来看，印度为了满足日益增长的能源电力需求，在近年来加快了电力行业改革，电力供需矛盾有所缓解，但电力市场化改革仍处于发展阶段。

7.1 印度电力市场化改革进展概况

7.1.1 政策法规

2017 年 12 月 14 日，印度中央电力监管委员会（CERC）发布《跨邦输电费用和损失共享条例》（第五修正案）。该修正案增加以下条款：

（1）基于太阳能资源的发电项目的容量，如果满足以下条件，从这些发电项目的商业运营之日起 25 年内，不应支付使用跨邦输电网络的传输费和损失：一是这种发电能力是通过竞争性招标获得的；二是这种发电容量已被宣布在 2017 年 7 月 1 日－2019 年 12 月 31 日期间商业运营；三是已执行购电协议用以将电力从该发电容量向配电公司出售，以履行其可再生购买责任。

（2）基于风电资源的发电项目的容量，如果满足以下条件，自该发电项目商业运营之日起 25 年内，不应支付使用跨邦输电网络的传输费和损失：一是这种发电能力已通过竞争性招标获得；二是该发电容量已宣布在 2016 年 9 月 30 日－2017 年 3 月 31 日期间商业运营；三是已执行购电协议用以向配送公司出售这种发电容量，以履行其可再生能源购买责任。

7.1.2 电力发展

（一）电源建设

根据印度中央电力局（CEA）统计数据，2017 年 4－12 月[1]新增发电容量

---

[1] 印度的统计年自 4 月份起始。

4765MW，相比上年同期下降36%，见表7-1。截至2017年底，印度全国的总发电装机容量为330 860.58MW，其中，火电占66.18%，核电占2.05%，水电占13.59%，可再生能源发电占18.18%，如图7-1所示；中央、邦和私有的装机容量占比分别为24%、31%、45%，如图7-2所示。

表 7-1　　　　　　　　印度近两年新增发电装机容量❶　　　　　　　　MW

类别	2016 年 4—12 月	2017 年 4—12 月	增长率（%）
火电	7103	4300	−39
水电	320	465	100
核电	0	0	—
总计	7423	4765.0	−36

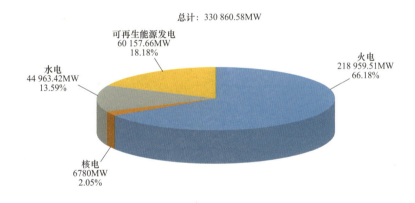

图 7-1　截至 2017 年 12 月 31 日印度发电装机容量及其构成❷

2017年4—12月印度总发电量为902.945TW·h，比上年同期增长4%，见表7-2。其中，火力发电量占85.05%、水力发电量占11.83%、核电量占3.07%、从不丹进口的电量为0.05%。

---

❶ 数据来源：印度中央电力管理局（CEA）。

❷ 数据来源：印度中央电力管理局（CEA）。印度发电装机容量为310 005.28MW。可再生能源（RES）发电包括利用风力、小水电、生物质气化机组、生物质、城市或工业废物、太阳能等新能源发电。

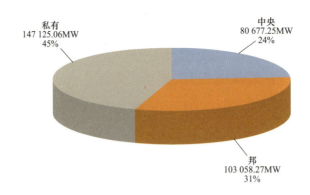

私有
147 125.06MW
45%

中央
80 677.25MW
24%

邦
103 058.27MW
31%

图 7 - 2　截至 2017 年 12 月 31 日印度发电装机容量的所有权构成❶

表 7 - 2　　　　　　　　　　印度近两年的发电量❷　　　　　　　　　　TW·h

类别	2016 年 4—12 月	2017 年 4—12 月	增长率（%）
火电	738.15	767.95	4.04
水电	101.28	106.830	5.48
核电	28.240	27.690	−1.95
从不丹进口	0.541	0.4749	−12.22
总计	868.211	902.945	4.00

（二）电网发展

2017 年 4—12 月印度新建输电线路回路总长 16 236km，比上年同期下降 21.07%，见表 7 - 3。其中，±800kV HVDC、765kV、400kV 和 220kV 各自新增线路长度占比分别为 0、18.71%、61.71%、19.58%。在当年的新增输电线路长度中，中央、邦、私有的占比分别为 38.7%、48.4%、12.9%。

表 7 - 3　　　　　　　印度近两年新增输电线路回路长度❸　　　　　　　km

电压等级	2016 年 4—12 月	2017 年 4—12 月
±800kV HVDC	2574	0
765kV	5689	3038

❶　数据来源：印度中央电力管理局（CEA）。
❷　数据来源：印度中央电力管理局（CEA）。
❸　数据来源：印度中央电力管理局（CEA）。

电压等级	2016 年 4—12 月	2017 年 4—12 月
400kV	7836	10 019
220kV	4471	3179
总计	20 570	16 236

2017 年 4—12 月印度新增输电容量 63 765MVA，比上年同期上升 34.14%，见表 7-4。其中，±800kV HVDC、765kV、400kV 和 220kV 各自新增输电容量占比分别为 4.7%、29.8%、47.59%、17.91%。在当年的新增输电线路容量中，中央、邦、私有的占比分别为 41.5%、48.25%、10.25%。

表 7-4　　　　　　　　　印度近两年新增输电容量[1]　　　　　　MV·A

电压等级	2016 年 4—12 月	2017 年 4—12 月
±800kV HVDC	1500	3000
765kV	16 500	19 000
400kV	19 065	30 345
220kV	10 470	11 420
总计	47 535	63 765

截至 2017 年 12 月 31 日，印度输电线路的总长度为 384 087km，其中，±800kV HVDC、±500kV HVDC、765kV、400kV 和 220kV 的线路长度占比分别为 1.59%、2.46%、8.92%、43.69%、43.34%；中央、邦和私有的线路长度分别占 38.35%、54.69%、6.96%。同时，截至 2017 年 12 月 31 日，印度的总输电容量为 804 530MVA，其中，±800kV HVDC、±500kV HVDC、765kV、400kV 和 220kV 的输电容量占比分别为 1.12%、1.68%、23.18%、33.7%、40.32%；中央、邦和私有的线路长度分别占 37.93%、58.26%、3.81%。印度跨区域输电容量在 2017 年 12 月 31 日已达到 78 050MW。

（三）电力供需

印度过去很长一段时期的电力供应一直不足，但近几年随着电力的快速发

---

[1]　数据来源：印度中央电力管理局（CEA）。

展，印度的电能供需缺口和高峰时段的电力缺口开始呈现下降趋势，电力供需形势已在近几年有所好转。根据 CEA 的负荷平衡报告预测，2017－2018 年❶印度的电量需求为 1 229 661MW·h，可用电量为 1 337 828MW·h，电量盈余为8.8％；高峰时段的电力需求为 169 130MW，电力供应为 180 601MW，电力盈余为 6.8％，见表 7-5。

表 7-5　　印度 2017－2018 年各区域的高峰时段电力供需情况和全年供需情况❷

邦/区域	电能				峰值			
	需求	可用量	富裕（＋）/不足（－）		需求	满足量	富裕（＋）/不足（－）	
	(MW·h)	(MW·h)	(MW·h)	(％)	(MW)	(MW)	(MW)	(％)
北部	373 301	409 715	36 415	9.8	56 800	60 600	3800	6.7
西部	366 956	414 595	47 639	13.0	48 842	57 224	8382	17.2
南部	323 146	347 051	23 905	7.4	44 908	45 355	447	1.0
东部	150 151	149 871	－ 280	－ 0.2	21 577	23 743	2166	10.0
东北	16 106	16 595	488	3.0	2727	2802	75	2.7
全印度	1 229 661	1 337 828	108 167	8.8	169 130	180 601	11 471	6.8

7.1.3　市场概况

（一）电力市场结构

印度的电力工业管理部门为中央和邦两级体制，中央层面主要有印度电力部（MOP）、印度中央电力管理局（CEA）和中央电力监管委员会（CERC），邦层面主要有邦电监会（SERC）。印度在 2003 电力法案的指导下，对垂直一体化的邦电力局（SEB）拆分重组，逐步成立了发、输、配各环节独

❶ 这里的 2017－2018 年是指印度统计中常用的财年 2017 年的 4 月－2018 年 3 月，本章中其他时间段含义类似。
❷ 数据来源：印度中央电力管理局（CEA）。

立的公司。总体来看，目前印度所有邦/区域都成立了邦电力监管委员会（SERC）；除个别邦之外，已有 20 多个邦/区域实现了邦电力局（SEB）的拆分重组或公司化。

（二）电力市场建设

印度的电力交易主要以跨邦电力交易为主，交易品种主要包括长期电力购买协议（PPA）和短期电力交易（1 年之内）。其中，短期交易包括双边交易（跨邦交易许可商之间的双边交易和配电公司 DISCOM 之间的直接双边交易）、电力交易所交易和偏差结算机制（DSM）的交易这 3 类。印度的电力交易以长期交易为主，短期电力交易通常占总发电量的 10% 左右。

2017—2018 年，印度短期电力交易量约为 127.62TW·h，总发电量约为 1202.97TW·h，短期电力交易总量占总发电量的比例为 11%，见表 7-6。短期电力交易中的双边交易、电力交易所交易和偏差结算机制（DSM）交易分别占总发电量的 4.63%、3.97%、2.01%；长期交易占总发电量的 89%，如图 7-3 所示。

表 7-6　　　　　　印度近年来短期电力交易总量与总发电量[1]

年度	短期电力交易总量（TW·h）	总发电量（TW·h）	短期交易占总发电量的比例（%）
2009—2010	65.9	764.03	9
2010—2011	81.56	809.45	10
2011—2012	94.51	874.17	11
2012—2013	98.94	907.49	11
2013—2014	104.64	962.90	11
2014—2015	98.99	1045.09	9
2015—2016	115.23	1102.82	10
2016—2017	119.23	1157.94	10
2017—2018	127.62	1202.97	11

---

[1]　数据来源：印度中央电力监管委员会（CERC）市场监测报告。

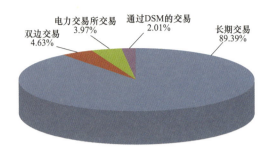

图 7 - 3 印度 2017—2018 年各类电力交易量占总发电量的比例❶

2017—2018 年，印度双边电力交易量为 55.71TW·h，占短期交易量的 43.6％；IEX 和 PXIL 两家电力交易所的交易量为 47.7TW·h，占短期交易 37.4％；通过偏差结算机制（DSM）的交易量为 24.21TW·h，占短期交易量 的 19％，如图 7 - 4 所示。

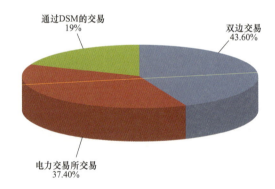

图 7 - 4 印度 2017—2018 年短期电力交易量中各部分的比例❷

7.1.4 电力价格

根据印度国家统计局 2018 年的能源统计数据，印度近年来的电力批发价格 指数的上升态势较为平缓。2017—2018 年，印度电力市场中的双边交易价格为 3.3～4.15 卢比/（kW·h）、电力交易所交易价格为 2.65～4.25 卢比/（kW·h），

---

❶ 数据来源：印度中央电力监管委员会（CERC）市场监测报告。
❷ 数据来源：印度中央电力监管委员会（CERC）市场监测报告。

偏差结算交易价格 1.75～2.35 卢比/（kW·h），价格波动较为平缓。

7.2　印度电力市场化改革相关事件分析——配电拯救担保计划（UDAY）的实施进展及分析

印度配售业务由各邦政府经营管理，长期以来，由于经营不善、管控不力等原因，各邦配售公司账面亏损严重，导致印度配售电侧发展滞后、成为制约印度电力发展的瓶颈。为拯救印度配售电公司亏损局面、突破印度电力发展瓶颈，印度中央政府在 2015 年 11 月推出一项配售电公司担保计划（UDAY），主要通过提高邦配电公司的运营效率和财务效率来实现财务转型。

7.2.1　UDAY 计划的执行情况

自该计划提出以来，印度目前有 26 个邦和 5 个联邦属地共 31 个行政区域签署了 UDAY 的谅解备忘录 MOU。西孟加拉邦、作为国家首都辖区的德里以及作为联邦属地的昌迪加尔尚未加入。

UDAY 的计划目标是：到 2018－2019 财年，实现邦配售电公司降低综合技术经济（AT&C）损耗到 15%[1]的目标；在财务上实现平均供应成本（ACS）和平均收入（ARR）之间的差距为 0 的目标。据统计，参与该计划的各邦配售电公司，已经通过减少计息成本和提高运营效率获得利益。截至 2018 年 6 月 30 日，加入 UDAY 的邦/区域配售电季度绩效排名见表 7-7。

表 7-7　　　　　加入 UDAY 的各区域配售电季度绩效排名[2]

区域	排名	区域	排名
卡纳塔克邦	1	拉贾斯坦邦	2

---

[1]　部分区域提出了更高的目标，如马哈拉施特拉邦、安得拉邦、旁遮普邦、古吉拉特邦、喀拉拉邦、北阿坎德邦、喜马偕尔邦、本地治里、果阿邦、特仑甘纳邦都提出了降低 AT&C 到 10% 的目标。

[2]　数据来源：UDAY 网站 https：//www.uday.gov.in/。

区域	排名	区域	排名
喜马偕尔邦	3	旁遮普邦	15
古吉拉特邦	4	马哈拉施特拉邦	16
中央邦	5	喀拉拉邦	17
哈里亚纳邦	6	达德拉－纳加尔哈维利	18
北方邦	7	达曼－第乌	19
贾坎德邦	8	查谟－克什米尔邦	19
安得拉邦	9	泰米尔纳德邦	19
曼尼普尔邦	9	本地治里	22
特仑甘纳邦	9	北阿坎德邦	22
梅加拉亚邦	12	比哈尔邦	24
阿萨姆邦	13	恰蒂斯加尔邦	25
果阿邦	13	特里普拉邦	26

7.2.2 UDAY 计划对各邦配售电业务的影响

（一）发行债券

根据 UDAY 计划，政府所有的配售电公司 75% 的债务将由邦政府接管。邦政府通过在公开市场上发行债券，或直接向持有该债务银行或金融机构发行债券，以承担全部未偿还债务总额的 75%。其余 25% 的债务，既可以在邦政府担保下由配售电公司发行债券，也可以通过银行改变贷款性质转为债券。与此同时，配售电公司需要进行一系列改革以满足投资者的利益。据统计，印度全国配电行业总债务约 4.3 万亿卢比，其中约 2.69 万亿卢比纳入了 UDAY 计划。截至 2018 年 6 月 30 日，加入 UDAY 计划的所有邦/区域中，15 个邦（安得拉邦、比哈尔邦、恰蒂斯加尔邦、查谟－克什米尔邦、贾坎德邦、哈里亚纳邦、喜马偕尔邦、中央邦、马哈拉施特拉邦、梅加拉亚邦、旁遮普邦、拉贾斯坦邦、泰米尔纳德邦、特仑甘纳邦、北方邦）的邦政府和配售电公司总共发行债券约 2.32 万亿卢比，占要发行债务的 86.29%。UDAY 计划下各邦损耗、收支差额及发债情况统计见表 7-8。

表 7-8　UDAY 计划下各邦损耗、收支差额及发债情况统计表❶

邦	AT&C 损耗（%）		支出收入比（卢比每度）		发行的债券（十亿卢比）		
	2016.3.31 数据	2018.6.30 数据	2016.3.31 数据	2018.6.30 数据	要发行的数据	2018.6.30 数据	已完成比例（%）
安得拉邦	9.3	11.16	0.82	0.06	147.21	82.56	56.08
阿萨姆邦	22.10	21.82	0.14	1.04			
比哈尔邦	43.70	39.1	0.65	0.1	31.09	31.09	100
恰蒂斯加尔邦	21.80	31.62	−0.09	0.5	8.7	8.7	100
果阿邦	17.10	11.3	1.50	1.17			
古吉拉特邦	14.90	14.29	−0.03	−0.04			
查谟克什米尔邦	61.60	53.78	2.55	1.96	35.38	35.38	100
贾坎德邦	34.70	36.97	1.23	1.85	61.36	61.36	100
哈里亚纳邦	29.00	23.81	0.18	0.58	345.17	259.51	75.18
喜马偕尔邦	—	4.33	0.01	0.03	38.54	28.91	75.01
卡纳塔克邦	14.90	15.46	0.06	−0.01			
喀拉拉邦	16.00	11.49	0.23	0.4			
中央邦	24.00	26.21	0.89	0.37	73.6	73.6	100
马哈拉施特拉邦	19.10	22.33	0.24	−0.02	66.13	49.6	75
曼尼普尔邦	44.20	43.74	1.31	1.61			
梅加拉亚邦		34.64		1.3	1.67	1.25	74.85
米佐拉姆邦		57.05		1.68			
旁遮普邦	16.00	31.3	0.60	1.1	202.62	156.29	77.13
本地治里	—	18.91	0.06	0			
拉贾斯坦邦	27.50	27.31	1.68	−0.27	761.2	720.9	94.71
锡金邦		32.57		6.93			
泰米尔纳德邦	14.40	14.76	0.60	0.55	304.2	228.15	75

❶　数据来源：UDAY 网站 https：//www.uday.gov.in/。

续表

邦	AT&C损耗（%）		支出收入比（卢比每度）		发行的债券（十亿卢比）		
	2016.3.31 数据	2018.6.30 数据	2016.3.31 数据	2018.6.30 数据	要发行的数据	2018.6.30 数据	已完成比例（%）
特仑甘纳邦		12.55		0.39	112.44	89.23	79.36
特里普拉邦	14.00	23		−0.17			
北方邦	32.40	37.92	1.76	0.4	501.25	495.1	98.77
北阿坎德邦	17.20	15.73	0.10	0.17			
总值	23.84	22.75	0.56	0.28	2690.56	2321.63	86.29

（二）降低综合技术经济损耗

UDAY 计划通过实施多项措施降低综合技术经济（AT&C）损耗、提高运营效率。主要措施包括实施强制馈线和配电变压器（DT）计量，升级或更换变压器、故障电能表，安装智能电能表系统，加强需求侧管理（包括安装节能LED 灯泡、农业泵、风扇/空调和有效的工业设备），允许季度电价调整❶，开展反窃电运动，确保在 AT&C 损失减少的地区增加电力供应。通过以上措施，综合损耗率已由 2016 年 3 月 31 日的 23.84％降到 2018 年 9 月 24 日的22.75％❷。但到目前为止，除喜马偕尔邦和泰米尔纳德邦之外，绝大部分加入UDAY 的区域都还未达到既定目标。

尽管一些邦通过配网改造，AT&C 损耗情况有所改善，但各邦在降低损耗过程中发展并不均衡。果阿邦、喀拉拉邦降低损耗业绩最为突出，安得拉邦、恰蒂斯加尔邦、贾坎德邦、卡纳塔克邦、中央邦、马哈拉施特拉邦、旁遮普邦、泰米尔纳德邦、特里普拉邦、北方邦共 10 个邦的损耗不降反升。喜马偕尔邦、安得拉邦、特兰加纳邦、喀拉拉邦和果阿邦等 5 个邦为印度最低的损耗水平，均小于 14％。

---

❶ 特别是用以抵消燃料价格上涨的情况。
❷ 不包括那加兰邦、安达曼和尼科巴群岛、拉克沙群岛的数据。

（三）缩减成本收入差额

提高电价缩小了配电公司的成本收入差（ACS－ARR），从 2016 年 3 月 31 日的 0.56 卢比/（kW·h）降到 2018 年 6 月 30 日的 0.28 卢比/（kW·h）。就加入 UDAY 的各区域来看，12 个配售电公司的成本收入之差有所改善，其中，古吉拉特邦、卡纳塔克邦、马哈拉施特拉邦、拉贾斯坦邦、特里普拉邦出现了负数，即售电收入开始大于供电成本。

（四）降低发电成本

印度政府通过各种措施降低火电站煤炭发电的成本，包括采取鼓励国产煤炭替代进口煤炭，鼓励煤炭市场合理化联动措施以刺激煤炭交易市场活跃，通过第三方煤炭取样检验和再分级煤炭品质等措施。与此同时，铁路运输费用有所增加，地方政府征收清洁能源地方税，都在一定程度上影响了煤炭单价。由于煤价的降低，印度国家火电公司燃煤电厂的发电成本 2016－2017 年度降低了 0.26 卢比/（kW·h），这使配售电公司总共节省了 500 亿卢比。通过对煤矿等级进行重新分类，发电成本进一步降低了 3.2 分/（kW·h）。印度火电积极协助邦发电公司，尤其是在提高燃煤效率和控制发电成本上给予协助。2016－2017 年度前 9 个月节省的发电成本超过 210 亿卢比。

（五）安装智能电能表等设备

根据 UDAY 计划，2017 年 12 月底前，各邦需为所有月消费量 500kW·h 以上的用户加装智能电能表；2019 年 12 月底前，各邦需为所有月消费量 200kW·h 以上的用户加装智能电能表。500kW·h 以上的用户智能电能表安装量计划 573.33 万只，目前仅安装 19.14 万只、完成 3％的目标；200～500kW·h 的用户智能电能表安装量计划 1843 万只，目前仅安装 19.62 万只、完成 1％的目标，智能电能表推广进展十分缓慢。城市和农村的馈线仪表分别增加 6485 个、20 241 个，均 100％完成安装目标；城市和农村配电变压器分别增加 24.4 万个、105.88 万个，分别实现 63％、59％的目标。

（六）其他进展

UDAY 网站还对印度配网其他数据进行了统计，包括解决无电家庭的送电入户问题（在 29 个邦合计通电率 87％）、馈线隔离系统（18 个邦合计覆盖率 64％）、农网支线审查（26 个邦覆盖率 100％）以及普及 LED 电灯（26 个邦合计普及率 100％）等，每个方面都有很大的改进。

7.2.3 印度 UDAY 计划进展评议

UDAY 计划本意为实现印度配售电公司资产转型，其效果仍需要时间考验和各邦政府的不断努力。迄今为止，最显著的影响应该是对其资产负债表进行重组，通过发行债券降低了邦配售电公司的利息支出，也为银行提供了喘息空间，因为那些配售电公司长期以来举步维艰的债务，转变成了银行所拥有的高品质的政府债权。对于配售电公司，多元化财务组合方案为印度基础设施融资增加了更多渠道和发展模式。未来印度配售电领域的关键目标还是如何降低损耗，通过配网改造、增加智能电网投入以增加电费收入。

8

中国电力市场化改革最新进展

中国电力市场化改革主要历程

2002 年　国发〔2002〕5 号文发布，开始实施以"厂网分开、竞价上网、打破垄断、引入竞争"为主要内容的新一轮电力体制改革。国家电力公司拆分为两大电网公司和五大发电集团，成立四大辅业集团公司，实现了厂网分开和中央层面电力主辅分开。

2003 年　国家电力监管委员会成立，履行全国电力监管职责。

2005 年　国家发展改革委出台《上网电价管理暂行办法》《输配电价管理暂行办法》《销售电价管理暂行办法》等配套实施办法，对电价改革措施进行了细化。

2008 年　国家能源局成立，负责拟订并组织实施能源行业规划、产业政策和标准，发展新能源，促进能源节约等。

2011 年　电网主辅分离改革方案获国务院批复，原四大辅业集团公司及两大电网公司下属的辅业单位重组成中国电力建设集团和中国能源建设集团两大公司，主辅分开全面完成。

2013 年　国家电力监管委员会并入国家能源局。

2015 年　中发〔2015〕9 号文及其核心配套文件发布，开启新一轮电力体制改革。

2016 年　《有序放开配电网业务管理办法》《售电公司准入与退出管理办法》等具体实施细则发布，新一轮电力改革加快实施。

2017 年　《关于开展电力现货市场建设试点工作的通知》发布，《区域电网输电价格定价办法（试行）》《跨省跨区专项工程输电价格定价办法（试行）》等输配电价政策发布，《加快推进增量配电业务改革试点的通知》《关于制定地方电网和增量配电网配电价格的指导意见》等加快推进增量配电改革政策发布，改革向纵深推进。

2018 年　《关于积极推进电力市场化交易进一步完善交易机制的通知》印发，加快推进电力市场建设。《增量配电业务配电区域划分实施办法（试行）》《关于规范开展第三批增量配电业务改革试点的通知》等增量配电试点政策发布，加快增量配电改革落地见效。

8.1 新一轮电力市场化改革总体进展

2017 年是新一轮电力市场化改革全面落地实施的一年。

输配电价改革方面，输配电价核定工作取得阶段性成果，价格机制不断完善，有效释放改革红利。各省级电网（除西藏外）、区域电网输配电价改革全面完成，跨省跨区专项工程输电价格陆续核定，初步建立了覆盖各级电网科学独立的输配电价机制。2017 年，多措并举降低社会用能成本超过 1400 亿元，有效扶持实体经济发展，促进产业结构转型升级。

电力市场建设方面，全国统一电力市场体系初步形成，市场交易规模进一步扩大，市场建设成效初显。全面完成交易机构组建，各级交易机构规范运作，为电力市场化交易的开展奠定了良好的组织基础。积极推进中长期、现货、辅助服务市场建设，创新交易品种，丰富用户市场化交易选择。市场交易规模大幅增长，降低实体经济用能成本、促进清洁能源消纳等改革红利有效释放。2017 年全国市场化交易电量 1.6 万亿 kW·h，同比增长超过 60%，占全社会用电量的 25.9%，减少企业电费支出 603 亿元❶。

售电侧改革方面，逐步放开用户选择权，培育独立售电主体，多元售电主体竞争格局加速构建。部分地区加快推进售电侧放开，符合条件的各类售电主体加快准入，公示售电公司批次、数量稳步增长。截至 2017 年底，全国工商注册的售电公司超过 1 万家，在各电力交易中心公示的有 3044 家。全国 19 个省份的售电公司参与市场交易并获得代理电量。此外，售电市场运行保障机制不断完善，售电市场公平竞争环境逐步形成。

增量配电改革方面，增量配电业务引入社会资本，探索自然垄断行业的混合所有制方式，促进配电网建设发展。增量配电改革试点全面铺开。2017 年，

---

❶ 数据来源：中国电力企业联合会。

国家发展改革委、国家能源局批复第二批增量配电改革试点项目，前两批试点项目数量累计 195 个。地方政府、园区政府、各类国资和民营企业参与试点积极性较高，部分试点项目已确定项目业主并组建混合所有制公司运营。政策体系不断完善，增量配电网价格机制、区域划分办法等实施办法相继出台。

8.2 电力市场建设最新进展及重点问题分析

8.2.1 最新相关政策

（一）国家层面

2017 年 11 月，国家能源局印发《完善电力辅助服务补偿（市场）机制工作方案》（国能发监管〔2017〕67 号），全面推进电力辅助服务补偿（市场）工作，提出实现省级及以上电力调度机构调度的发电机组全部纳入电力辅助服务管理范围，科学确定电力辅助服务补偿力度，建立电力中长期交易涉及的电力用户参与电力辅助服务分担共享机制等工作要求。

2018 年 7 月，国家发展改革委、国家能源局印发《关于积极推进电力市场化交易 进一步完善交易机制的通知》（发改运行〔2018〕1027 号），提出提高市场化交易电量规模，推进各类发电企业进入市场，放开符合条件的用户进入市场，积极培育售电市场主体，完善市场主体注册、公示、承诺、备案制度，规范市场主体交易行为，完善市场化交易电量价格形成机制，加强事中事后监管，加快推进电力市场主体信用建设等 9 项工作要求。

2018 年 8 月，国家发展改革委、国家能源局印发《关于推进电力交易机构规范化建设的通知》（发改经体〔2018〕1246 号），提出推进电力交易机构股份制改造、充分发挥市场管理委员会作用、进一步规范电力交易机构运行等 3 项工作要求。

2018 年 8 月，国家能源局复函同意印发《北京电力交易中心跨区跨省电力中长期交易实施细则（暂行）》（国能函监管〔2018〕95号）。该实施细则涵盖了市场成员、交易品种及组织方式、价格机制、合同管理、安全校核与交易执行、计量与结算、偏差电量结算与考核等内容，对省间交易的全品种、全流程、全业务进行了明确规范。

（二）地方政府层面

2017年10月，浙江省发展改革委印发《浙江电力市场建设方案》（浙发改能源〔2017〕862号），提出"建立以电力现货市场为主体，电力金融市场为补充的省级电力市场体系"。现货市场包括市场预出清和实时平衡市场，合约市场初期主要以政府授权差价合约和双边合约为主。初期市场参与范围包括省内各类统调电源、外来电、电网企业和110kV及以上用户，待市场运行平稳后，适时放开35kV及以上用户参与市场。

2017年12月，广东省经济和信息化委印发《广东电力现货市场建设试点工作方案》（粤经信电力函〔2017〕286号），方案要求国家能源局南方监管局牵头负责制定全省电力现货市场交易规则，广东电网公司（含广东电力交易中心）负责、广州供电局、深圳供电局配合开展技术支撑平台建设及相关系统的升级改造；广东省经信委牵头、广东电力交易中心实施开展参与现货市场交易各类机组的发电成本测算办法编制及价格测算。

8.2.2　改革试点实施情况

（一）交易机构组建情况

北京、广州电力交易中心和全国各省级电力交易中心均实现公司化相对独立运作，两级交易平台实现定期开市、协调运营。2017年11月，在国家发展改革委、国家能源局指导下，由北京电力交易中心联合广州电力交易中心发起倡议，34家交易中心组建了全国电力交易机构联盟，搭建全国交易机构交流合作、信息共享的重要平台。截至2018年8月，全国范围内26家交易机构先后组建了市场管理委员会（见表8-1），建立了例会制度，对交易规则、市场方案等进行审议，严格履行议事程序，形成了市场主体共同参与的协商议事机制。

表 8-1 部分已组建的电力市场管理委员会概况（截至 2018 年 8 月）

机构名称	概 况
北京电力交易中心	共 41 人，由发电企业、购电企业、电网企业、交易机构、第三方机构等类别代表组成
山东电力交易中心	共 37 人，其中电网 11 人，发电 11 人，用户及售电公司 11 人，第三方 3 人，交易机构 1 人
江苏电力交易中心	共 19 人，其中电网 6 人，发电 7 人，用户 4 人，第三方 1 人，交易机构 1 人
上海电力交易中心	共 26 人，其中电网 7 人，发电 7 人，用户 5 人，售电公司 2 人，第三方 4 人，交易机构 1 人
安徽电力交易中心	共 13 人，其中电网 3 人，发电 3 人，用户及售电公司 4 人，第三方 1 人，交易机构 1 人，独立专家 1 人
辽宁电力交易中心	共 27 人，其中电网 6 人，发电 6 人，用户 6 人，售电公司 6 人，第三方 2 人，交易机构 1 人
吉林电力交易中心	共 27 人，其中电网 6 人，发电 6 人，用户 6 人，售电公司 6 人，第三方 2 人，交易机构 1 人
陕西电力交易中心	共 15 人，其中电网 5 人（包含地方电网 2 人），发电 3 人，用户 4 人，售电公司 2 人，交易机构 1 人
甘肃电力交易中心	共 27 人，其中电网 3 人，发电 11 人，用户 8 人，售电公司 3 人，第三方 2 人
新疆电力交易中心	共 33 人，其中电网 6 人，发电 15 人，用户 11 人，交易机构 1 人
蒙东电力交易中心	共 29 人，其中电网 7 人，发电 6 人，用电企业 12 人（用户 8 人，售电公司 4 人），交易机构 1 人，第三方 3 人（蒙东电科院、蒙东经研院各 1 人）
四川电力交易中心	共 38 人，其中电网 5 人，发电 11 人，用户 11 人，售电公司 5 人，第三方 5 人，交易机构 1 人
河南电力交易中心	共 25 人，其中电网 5 人，发电 5 人，用户 5 人，售电公司 5 人，第三方 4 人，交易机构 1 人
山西电力交易中心	共 13 人，其中电网 4 人，发电 4 人，用户 4 人，第三方 1 人
湖北电力交易中心	共 11 人，其中电网 3 人，发电 3 人，用户及售电公司 3 人（用户 2 人，售电公司 1 人），交易机构 1 人，第三方 1 人
重庆电力交易中心	共 17 人，其中重庆公司 5 人，地方电网 1 人，发电 5 人，用户 3 人，售电 2 人，交易机构 1 人

机构名称	概　况
青海电力交易中心	共 16 人，其中电网 5 人，发电 5 人，用户及售电 5 人，交易机构 1 人
宁夏电力交易中心	共 22 人，其中电网 5 人，发电 5 人，用户及售电公司 7 人，交易中心及第三方 5 人
黑龙江电力交易中心	共 30 人，其中电网 9 人（含增量配电网 2 人），发电 9 人，用户 6 人，售电公司 3 人，交易机构 1 人，独立专家 2 人
浙江电力交易中心	共 17 人，其中电网 5 人，发电 6 人，用户 2 人，售电公司 2 人，交易机构 1 人，独立专家 1 人
湖南电力交易中心	共 27 人，其中电网 3 人，发电 7 人，电力用户 7 人，售电公司 7 人，第三方 3 人
贵州电力交易中心	共 36 人，其中电网 12 人、发电 10 人、用户 14 人
广州电力交易中心	共 28 人，由送电省、受电省、发电企业、电网企业、交易机构、第三方机构等类别代表组成
广西电力交易中心	共 29 人，由发电企业、电网企业、用户、售电公司、第三方等五类代表组成
云南电力交易中心	共 11 人，由电网企业、发电企业、售电企业、电力用户等代表组成
广东电力交易中心	共 9 人，其中电网、发电、售电、用户按类别选派 2 名代表，省经信委推荐 1 名独立代表

（二）市场主体注册情况

多元化市场主体积极参与市场交易，市场意识不断增强，形成了多买多卖的市场格局和浓厚的市场氛围。截至 2018 年 8 月，国家电网有限公司经营区域❶内电力交易平台已累计注册市场主体 69 187 家，其中：注册发电企业 27 704 家，注册电力用户 38 459 家，注册售电公司 2988 家。各交易机构市场主体注册情况如图 8-1 所示。发电企业注册数量前三位分别是福建、江西和湖南；电力用户注册数量前三位分别是河南、安徽和江苏；售电公司注册数量前三位分别是北京电力交易中心、山东和河南。

---

❶　以下简称"国网经营区域"。

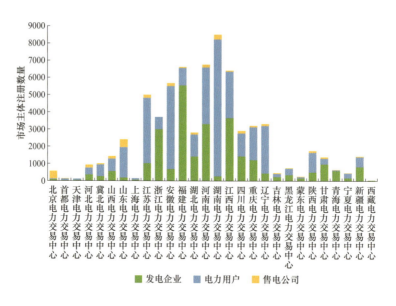

图 8-1　国网经营区域交易中心市场主体注册情况

（三）2017 年国网经营区域电力市场运营情况

2017 年，国网经营区域内市场化交易电量大幅增长，达到 12 095 亿 kW·h，同比增长 49.6%，占售电量的 31.2%。其中，电力直接交易 8931 亿 kW·h，降低客户用能成本 295 亿元。2017 年分月市场化交易电量情况如图 8-2 所示。

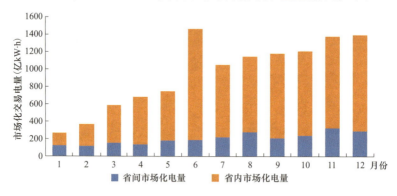

图 8-2　国网经营区域 2017 年分月市场化交易电量情况

从省间交易情况来看，2017 年省间交易电量完成 8735 亿 kW·h，同比增长 10.6%。分省来看，浙江、江苏、上海等 8 家省市参与省间交易电量规模较大，均在 500 亿 kW·h 以上；北京、上海、天津、蒙东省间交易电量占比超过 50%，具体如图 8-3 所示。

图 8 - 3　2017 年各省市公司参与省间交易电量占总交易电量比例

从省内交易情况来看，各省主要以用户直接参与或售电公司代理的直接交易为主。2017 年，随着发用电计划的逐步放开，各省（除西藏外）电力直接交易电量快速增加，江苏、山东、浙江、河南、安徽、山西、四川 7 个省电力直接交易电量突破 500 亿 kW·h，辽宁、福建、湖北、陕西 4 个省电力直接交易电量突破 300 亿 kW·h，如图 8 - 4 所示。

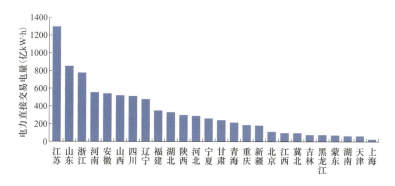

图 8 - 4　2017 年各省电力直接交易电量情况

从新能源消纳情况来看，2017 年累计消纳新能源 3230 亿 kW·h，其中风电 2300 亿 kW·h，同比增长 29.6％；太阳能发电 930 亿 kW·h，同比增长 76.6％。全年弃电量同比下降 11.3％，弃电率同比降低 5.3％，成功实现"双降"目标。

135

专栏 8 - 1　创新新能源市场化交易方式

■ 开展西北新能源与华中抽水蓄能电站省间交易，2017 年利用华中电网抽水蓄能电站削峰填谷作用，省间消纳西北低谷新能源电量 2.4 亿 kW·h。

■ 组织西北新能源与东中部火电省间发电权交易，为新能源腾出发电空间，2017 年完成新能源省间发电权交易电量 3.4 亿 kW·h。

■ 服务"电力援疆"，全年组织"电力援疆＋市场化"外送交易 89 批次，其中新能源成交电量 21 亿 kW·h。

■ 2017 年，组织新能源跨区现货交易电量 57.7 亿 kW·h。其中，甘肃、新疆通过跨区现货交易分别多消纳新能源电量 32.7 亿、13.8 亿 kW·h。

（四）现货市场试点进展情况

省间现货市场方面，2017 年 8 月 18 日，跨区域省间富余可再生能源电力现货交易试点正式启动。截至 2018 年 8 月，共有送端 9 个省份超过 1400 家可再生能源发电企业参与交易，受端 14 个省份参与购电，累计交易电量 89.2 亿 kW·h。

省内现货市场方面，南方（以广东起步）、蒙西、浙江、山西、山东、甘肃等 8 个试点地区现货市场建设工作全面启动。截至 2018 年 8 月，南方（以广东起步）、山西、甘肃已初步完成现货市场方案设计；山东正在建设 AGC 和调峰辅助服务市场；浙江已完成电力市场设计和规则编制的国际招标工作；福建调峰辅助服务市场已经上线试运行；四川正在开展现货市场方案初步研究和框架设计工作。

8.2.3　重点问题分析

（一）中长期交易与现货交易的统筹方式

中长期交易和现货交易均为完整电力市场体系的重要组成部分，需做好统筹衔接，实现电力市场的高效有序运营。中长期交易定位于促进清洁能源消纳和能源资源大范围优化配置、形成稳定的能源流向、稳定市场供需、帮助市场主体规避价格风险。现货交易定位于平衡中长期交易与实际负荷之间的偏差，以及提高电力市场竞争效率。结合国外电力市场建设经验和我国实际情况，统筹中长期交易与现货交易主要有两种基本模式。

(1)"中长期差价合约＋全电量现货"模式。中长期交易为金融性合同，现货交易采用全电量集中竞价、统一优化、考虑电网安全约束的市场组织方式。

市场运营方式： 市场主体通过双边协商和集中竞价等方式签订中长期交易合同或电力金融合同，一般不需要安全校核，提交市场运营机构主要用于结算使用。在日前阶段，市场运营机构根据市场主体的报价和供需关系进行全电量的集中优化，确定执行日的机组组合、发电计划和出清价格。实时阶段，根据实时供需和系统运行情况进一步优化合并执行。市场运营机构根据中长期和日前、实时市场交易结果进行结算。美国、澳大利亚等国家采用全电量现货模式。

特点分析： 全电量现货模式全电量参与现货市场，市场价格信号完整、准确，竞争比较充分，市场效益和资源配置效率最好，差价合约不需校核，现货市场中调度操作较容易。缺点在于：一是全电量参与现货市场面临的风险较高，不利于市场平稳推进；二是差价合约不易理解，需较好的电力市场环境和完善的配套机制。

(2)"中长期物理合约＋部分电量现货"模式。以中长期实物合同为基础，结合市场主体意愿和电网运行情况确定开停机和发用电计划，偏差电量通过现货市场（平衡机制）进行调节。

市场运营方式： 中长期合约以实物合同为主、约定交割电力曲线，由市场主体根据自身意愿通过双边协商和集中交易达成，调度机构据此安排调度计划，执行交易结果。一般情况下，市场主体间需实现电力平衡。在现货交易阶段中，调度机构根据市场主体提交的中长期交易曲线、现货市场报价、系统不平衡功率、清洁能源消纳和电网阻塞情况，对机组组合进行集中优化，实时调整市场主体的发用电计划以保证系统平衡和电网安全运行。在运行中通过市场机制设计促使市场主体尽可能保证实际发用电曲线与所提交的计划曲线一致。实际运行曲线与中长期交易曲线之间的偏差电量按照现货价格进行结算，其余电量按照中长期交易价格结算。英国、北欧、德国等欧洲国家电力市场一般采取部分电量现货模式。

特点分析：部分电量现货模式在兼容现有的计划与中长期交易机制基础上，构建现货市场，有利于现货市场平稳起步。缺点在于：一是部分电量参与现货，价格信号不完整，竞争不充分；二是市场效益和资源配置效率差；三是中长期物理交易校核困难。

部分电量现货模式与全电量现货模式比，风险较小，且易与现有计划模式和大用户直接交易方式相衔接，适合市场力大或供需紧张、计划电量放开比例较低的省份，建议大部分省份选用部分电量现货模式。新能源占比高、市场力较小、供需宽松、市场环境成熟度高的省份可探索全电量现货模式，建议新能源占比较高的省份采用全电量现货模式。各省在试点阶段可以自主选择现货市场模式，根据实际运行情况比选现货市场全国推广模式。

（二）省间交易与省内交易的统筹方式

省间与省内交易协调运营的核心是根据省间、省内交易定位，处理好发电企业、电网公司等市场主体省内和省间两个市场空间的衔接问题，同时充分考虑清洁能源尤其是新能源在时空分布上的不均衡，在交易时序、市场空间、偏差处理、安全校核及阻塞管理等方面做好统筹衔接。

功能定位方面，省间交易考虑到落实国家能源战略的要求和省间输电通道稳定运行的需要，以中长期交易为主，以现货交易为补充，并适时开展输电权、金融衍生品等交易。省内交易以省间交易结果为交易组织的边界条件，进一步在省内优化资源配置，并确保电力供需平衡和电网安全稳定运行。

交易时序方面，中长期交易中省间交易早于省内交易开展。现货交易中首先省内形成省内开机方式和发电计划的预安排，在此基础上组织省间日前现货交易。

市场空间方面，省间交易形成的量、价等结果作为省内交易的边界，省内交易在此基础上开展。

安全校核及阻塞管理方面，按照统一调度、分级管理的原则，国调（及分调）、省调按调管范围负责输电线路的安全校核和阻塞管理。

偏差处理方面，省间交易优先安排并结算，省间交易执行与结算电量原则上不随送受端省内电力供需变化、送端省内电源发电能力变化进行调整（点对网外送电厂的偏差由电厂承担），发电侧和用户侧的偏差分别在各自省内承担，参与省内偏差考核。

8.3 售电侧改革最新进展及重点问题分析

8.3.1 最新相关政策

随着我国电力改革的不断深化，售电侧改革正逐步由规范市场准入和退出、培育多元售电主体向健全监管机制、引导售电主体创新服务方向转变，并出台相应配套政策和实施细则。2017 年 1 月，广东省发展改革委、经济和信息化委和国家能源局南方监管局发布了《关于印发广东省售电侧改革试点实施方案及相关配套改革方案的通知》。2017 年 6 月，陕西省发展和改革委员会发布了《陕西省售电侧改革试点实施细则（暂行）》。2017 年 7 月，福建省发展和改革委员会发布了《关于印发福建省售电侧改革试点区域选取办法（试行）》。2017 年 8 月，江苏省发展改革委、能源监管办出台《江苏省售电侧改革试点实施细则》。2018 年 7 月，国家能源局南方监管局发布了《关于印发〈广东、广西、海南售电公司监管办法（试行）〉的通知》。

8.3.2　改革试点实施情况

从当前售电市场建设情况来看，我国售电市场正处于培育成长阶段，突出体现在售电主体持续进入、售电竞争仍集中在价格竞争等。

（一）售电公司组建情况

截至 2017 年 12 月，全国在电力交易中心公示的售电已有 3044 家。从区域来看，这些售电公司主要分布于 25 个省市，山东最多有 396 家，广东 363 家、北京 258 家。从股东背景来看，已公示的售电公司中，发电企业参股的售电公司约占 9.70%，拥有配网运营权的售电公司占 7.40%，供水供热供气等公用事业企业占 3.05%，地方政府或城投企业参与的售电公司约占 2.35%，其他民营企业约占 77.51%。

（二）售电公司业务开展情况

售电公司仍以购售电业务为主，售电竞争仍集中在价格竞争。目前仅少部分开展了用电工程、能效服务（合同能源管理、综合节能、合理用能咨询）等增值服务。用户与售电公司签订购售电代理协议时，主要有固定价格、按中标价提成、按照保底价和中标价提成、按市场结算均价的比例分成四种模式。

从市场发展来看，拥有发电背景的售电公司竞争优势普遍较明显。拥有发电背景的售电公司拥有低价购电来源，抗价格波动风险能力强，从售电市场份额、代理电量降价空间来看，竞争优势较显著。民营资本的售电公司在数量上占优，但生存压力大，以广东省 2018 年上半年交易为例，民营性质的售电公司有 266 家，实际开展电力交易业务的仅有 96 家、仅占 36.1%。随着价差逐步缩小，民营资本的售电公司生存压力将持续增加。

8.3.3　重点问题分析

（一）售电市场评估体系研究

目前我国售电侧改革处在起步阶段，对售电市场监管侧重市场准入环节，监管手段集中在售电主体违反市场规则行为方面，还没有形成针对售电侧改革成效评估体系。

系统对比分析国外售电市场成效评估指标体系，主要结论如下：

一是采用定性指标与定量指标相结合的方法。各国或地区评估指标体系中有大量定量衡量指标，如用户更换售电公司比例、售电公司数量、售电公司成本效益、售电市场集中度等，可通过相关政府部门或电力交易机构直接获得。同时，也设置了涉及客户服务、用户对售电有关认识等定性指标，这些指标多是通过用户调查得出相关比例及趋势性数据。

二是反映用户选择权、客户服务水平的指标是成效评估的共性指标。各国或地区均设有用户更换售电公司的数量、频次和比例等指标，部分细化为同一售电公司内不同售电方案间的更换、客户在不同售电公司间的更换。同时，客户满意度、客户投诉情况等服务水平指标也是共性指标，能够反映客户服务需求的满足能力。

三是售电公司的流动性是重要指标。各国或地区普遍通过新进售电公司数量来分析售电准入壁垒情况，作为衡量售电竞争有效性和活力的重要指标，英国、澳大利亚、新西兰尽管市场集中度较高，但监管机构普遍认为不断有新的售电公司进入市场，而且售电公司在消化吸收批发市场价格上涨成本方面发挥了积极作用，也是运行效果较好的售电市场。

四是普遍重视售电公司服务和产品的差异化、创新性。各国普遍统计分析售电公司产品及服务差异性、创新产品及服务的数量等信息，是售电竞争从初期的价格竞争转向成熟完善阶段服务竞争的重要表征指标。

五是不同国家或地区因发展目标不同会设置节能等个性化指标。美国得州售电市场较成熟完善，因此设置能效方面的指标衡量售电公司引导用户节能能力。英国、澳大利亚、新西兰售电市场集中度较高，因此把售电相关价格指标纳入评估体系，能够直观监测市场力等情况。日本将新进售电公司开展业务比重纳入评估体系，能够分析售电侧改革初期市场竞争积极性、有序发展情况。

结合国际经验，应尽快形成适用我国的售电市场发展成效评估体系，具体建议如下：

一是明确售电市场建设发展成效评估主体。各省售电市场试点及建设多由经信委或发改委组织实施，为了提高市场建设优化调整效率，对售电市场建设发展成效评估的责任主体仍是经信委或发改委，确保实现闭环管理。考虑到相关信息主要在交易机构归集，交易机构相对独立，可委托各省交易机构开展，政府主管部门根据评估结果，进一步完善交易规则和市场机制，具体流程如图8-5所示。

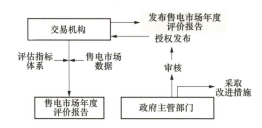

图8-5 我国售电市场建设发展成效评估流程

二是建立健全售电市场建设发展成效评估指标体系。建立科学适用的售电市场建设发展成效评估指标体系是完善售电市场评估体系的关键，关系到优化策略的准确性、针对性。借鉴国外经验，应基本涵盖客户行使选择权、售电市场结构和售电竞争效率等指标。各省在具体实施过程中，可根据售电市场特点、建设发展进度等，对关键指标有所侧重。

三是超前部署完善相关细则办法。为了加强各级政府主管部门对售电市场的评估和监管职能，充分发挥评估体系的决策支持功能，需厘清职责界面，构建基于评估结果改进售电市场的启动机制；构建政府主管部门对相对独立的交易机构授权获取有关信息和数据的合理授权及信息发布机制；健全完善交易平台功能，能够准确获取相关信息和数据；针对需调查访谈指标，开展前瞻性研究，构建科学合理的样本抽取和统计分析方法。

（二）售电公司退市情况分析

经过调研统计分析，目前因经营压力较大自愿退市售电公司数量极少。截

至 2018 年 7 月，注（吊）销营业执照的售电公司 402 家，占工商登记注册总数的 2.2％左右（尚未在交易机构登记公示，不具备开展售电业务资格）；在交易机构未完成公示流程被退市 49 家，属于不符合操作流程问题，未在规定期限内签订入市协议；已完成准入，因无法按照监管机构要求进行整改退市 2 家、因提交虚假材料被退市 3 家，因决策及经营压力较大自愿退市仅 6 家、占在交易机构完成公示的售电公司 0.17％。

从国外售电市场发展历程来看，售电公司退出售电市场属于正常市场波动。2003－2014 年，法国、德国、英国、丹麦等大多欧洲国家售电公司数量的年均相对变化率（每年变化量相对于 2003 年数量的比值）在 ±5％以内。未来我国仍应严格执行《售电公司准入与退出管理办法》，继续对有违规行为的售电公司保持高压态势，维持良好的市场秩序。建议重点关注售电份额集中度较高的地区，杜绝滥用市场力的行为，促进形成良性竞争的售电市场结构。

8.4　增量配电改革最新进展及重点问题分析

8.4.1　最新相关政策

2017 年 11 月，国家发展改革委、国家能源局发布《关于规范开展第二批增量配电业务改革试点的通知》（发改经体〔2017〕2010 号），批复了第二批 89 个试点项目。

2017 年 12 月，国家发展改革委发布《关于制定地方电网和增量配电网配电价格的指导意见》（发改价格规〔2017〕2269 号），明确由各省级价格主管部门核定当地配电价格，提出配电价格四种定价方法，包括招标定价法、准许收入法、最高限价法和标尺竞争法，并对增量配电网配电价格上限进行限制。用户承担的配电网配电价格与上一级电网输配电价之和不得高于其直接接入相同电压等级对应的现行省级电网输配电价。

2018 年 3 月，国家发展改革委、国家能源局印发《增量配电业务配电区域划分实施办法（试行）》（发改能源规〔2018〕424 号），明确配电区域应按照地理范围或行政区域划分，具有清晰的边界，提出可以通过多种方式（资产入股、出售、产权置换、租赁等）处置存量配电网资产。

2018 年 4 月，国家发展改革委、国家能源局发布《关于规范开展第三批增量配电业务改革试点的通知》（发改经体〔2018〕604 号），批复第三批 97 个试点项目。

2018 年 6 月，国家发展改革委、国家能源局发布《关于规范开展第三批增量配电业务改革试点的补充通知》（发改经体〔2018〕956 号），批复了第三批第二批次 28 个试点项目。

2018 年 7 月，国家能源局印发《关于简化优化许可条件、加快推进增量配电项目电力业务许可工作的通知》（国能综通资质〔2018〕102 号），从以下四方面简化优化增量配电项目电力业务许可条件，助力社会资本参与增量配电业务：①简化优化部分配电项目核准（审批）证明材料；②简化优化相关负责人从业证明材料；③简化优化配电区域证明材料；④简化优化配电网络和营业网点证明材料。

8.4.2 改革试点实施情况

目前，国家发展改革委、国家能源局已累计批复三批 320 个增量配电改革试点项目，其中第一批 106 个，第二批 89 个，第三批 125 个。国网经营区域内共 256 个试点项目，占全国总数的 80%。随着增量配电改革的逐步推进，一批混合所有制配售电公司组建运营，改革试点取得阶段性进展。

深圳前海蛇口自贸区供电有限公司是全国首家增量配电领域混合所有制企业，由深圳供电局有限公司、招商局蛇口工业区控股股份有限公司、深圳市能之汇投资有限公司、云南文山电力股份有限公司、深圳市前海开发投资控股有限公司共同出资创建，于 2015 年 11 月 30 日正式挂牌成立，并于 2016 年 7 月 4 日取得国家能源局南方监管局核发的电力业务许可证（供电类）。该公司从 2016 年 11 月 1 日起正式承接深圳前海前湾、桂湾片区供电营业业务，负责 20kV 及以下的供电营业和客户服务。

镇江扬中高新技术产业开发区增量配电业务试点为第一批增量配电试点项目。该项目由国网江苏省电力公司、大航控股集团有限公司、协鑫智慧能源（苏州）有限公司组成的联合投标体中标。扬中高新区配售电有限公司于 2017 年 11 月 10 日挂牌成立。经国家能源局江苏监管办审核和公示，扬中高新区配售电有限公司已取得江苏第一张电力业务许可证（供电类－增量配电）。2018 年 4 月 3 日，召开江苏首张增量配售电公司电力业务许可证颁发仪式。

8.4.3　重点问题分析

（一）增量配电招投标问题分析

《关于规范开展增量配电业务改革试点的通知》中提出"增量配电改革应坚持公平开放，不得指定投资主体。新增配电网项目，均应依照《招标投标法》及其《实施条例》的有关规定，通过招标等市场化方式公开、公平、公正优选确定项目业主"。目前，部分省份已经建立了较为完善的招标机制，如云南省出台了《云南省增量配电网试点项目业主招投标原则（试行）》。不少试点项目已通过市场化招标的方式优选确定项目业主。但由于缺乏相关经验，部分招标文件内容仍需完善，招标环节不够规范。

根据国内外相关行业经验，增量配电业务改革试点项目招标需明确商业标准和技术标准。商业标准应包括经营状况、经营业绩等方面，同时对投资规模、配电容量、供电可靠性、服务质量、线损率等方面做出承诺，并符合国家规定的价格政策要求。技术标准应包括项目公司组建方案、项目建设方案、运营方案、法律方案等。运营方案的评审应考虑供电服务方案的完整性与合理性情况、配电网服务方案公平开放情况、保底供电服务方案可行性与合理性情况、增值服务方案多样性与有效性情况、应急抢修的严密可行性等。

（二）增量配电运营和商业模式分析

目前部分试点成立的混合所有制配电公司已经陆续进入了配网运营阶段。配电网运营是一项难度大、专业性强的工作，需要严格遵守国家相关标准。《有序放开配电网业务管理办法》中指出，"符合准入条件的项目业主，可以只拥有投资收益权，而将配电网运营权委托电网企业或符合条件的售电公司，自主签订委托协议"。这为非电力行业或者缺乏配网运营经验的业主提供一条解决思路。对于非电力行业或者缺乏配网运营经验的项目业主，在配电网运营成本和运营效率方面不具备先发优势，可以考虑通过委托运营最大限度地利用现有资源，解决自身技术和经验不足的问题。

配电公司的盈利模式多种多样，商业模式创新潜力巨大。目前，业主除了运营配电网获取配电费收入外，还可获得政府规定的保底供电补贴、市场化售电收入、增值服务和综合能源服务收入等。《关于制定地方电网和增量配电网配电价格的指导意见》中指出，"配电网区域内列入试点范围的非水可再生能源或地方电网区域内既有的小水电发电项目与电力用户开展就近交易时，用户仅支付所使用电压等级的配电价格，不承担上一电压等级的输配电价"。这为增量配电的商业模式创新提供新的思路。增量配电试点项目主要以高新产业园区、经济开发区、循环经济园区、工业园区等负荷相对集中的园区为主。项目主体可将增量配电与分布式能源、综合能源服务等新要素、新业态有机结合，围绕园区用户需求提供灵活、多样、及时的供电服务，如统一负责工业园区范围内的供热、供水、燃气等基础设施的规划、建设、运营、管理，进一步拓宽业务范围，延长价值链，提高经营利润。增量配电网和能源互联网、智慧能源理念有效结合后，在配电网创新发展、运营效率、盈利空间方面都会有可以预期的提升，最终让社会分享改革红利。

8.5　中国电力市场化改革面临的挑战

尽管新一轮电力市场化改革实施已取得显著成效，但改革推进中仍面临一些深层次挑战和问题，需要在下一步的改革实施中予以关注。

一是省间壁垒仍然不同程度存在，需发挥市场机制作用提高资源大范围优化配置效率和质量。尽管区域电网输配电价、跨省跨区专项工程价格完成核定，受我国以省为实体的财税及行政管理体制、电力平衡以省为主等因素影响，部分地方政府仍然严格控制省外购电量、行政干预省间交易价格，制约了跨区跨省交易的规模。打破省间壁垒的关键是充分发挥市场机制作用，应通过扩大省间交易空间和频次，创新激励补偿机制、送受电获益方出让部分利益等方式，提高资源大范围优化配置效率和质量。

二是交易体系还不够完善，需着重解决焦点问题、完善市场体制机制。过去传统模式下，电力市场交易模式较为单一，内容相对简单。现阶段各方对现货市场模式还存在不同意见。随着市场发展，市场成员的增多、交易品种的丰富、各类交易衔接的复杂，都对市场建设提出更高要求。未来就各方关注的现货市场模式问题，应根据各省供需形势、市场主体意识及市场环境、技术支持系统条件等因素，因地制宜合理确定现货市场模式，并建立健全相应市场规则。健全交易体系，优化电力交易流程、完善平衡机制、结算机制和信息披露机制等，提高交易透明度和运作效率。

三是促进新能源消纳市场机制潜力发挥不足，需多措并举提高市场交易意愿、疏导消纳矛盾。在促进新能源消纳过程中，长期以来，火电发电计划刚性执行挤占新能源发电空间、调峰电源合理补偿机制不健全、跨省跨区消纳政策和电价机制不完善等市场化机制缺失问题，导致新能源市场交易意愿和积极性不足，成本优势难以化为消纳优势。未来应建立健全跨区跨省新能源电力交易机制，通过省间新能源直接交易、增量现货、发电权交易、置换交易等方式促进跨省消纳。在省内市场，发挥清洁能源发电边际成本低的优势，通过"市场竞争＋政府调控"的方式，实现优先调度和消纳；优化可中断电价、峰谷电价机制，提高对用户的激励水平，改善负荷特性，提高负荷资源促进消纳新能源的意愿和积极性。

四是末端配售电主体服务多样性不足，需加强配售电业务规范运行。现阶段售电竞争仍聚焦在低价策略，对市场竞争导致的售电公司正常退市等问题缺乏客观认识，甚至部分省份出现了政府发文禁止售电公司全价差让利等行政干预市场竞争等问题。对于增量配电业务，如何规范试点项目推进各项工作，发挥社会资本优势、灵活性和创新活力，提高服务能力还不够清晰。售电竞争方面，未来应加快符合条件的各类售电主体的准入，通过提高竞争强度，促进多元售电主体进行客户细分，构建自身比较优势，通过更专业、更高的投入产出效率满足客户差异化服务需求。增量配电方面，应规范市场化招投标，超前研究制定增量配电网规划建设、并网服务、调度运行等细则办法，健全政策体系，完善电力普遍服务机制，规范增量配电市场秩序。

五是市场监管体系和基础监管能力仍有待健全完善，需通过完善相关体制机制提升监管效能。随着电力体制改革向纵深推进，监管模式和监管重点都发生变化，监管的复杂性和难度增加，对电力市场的监管力度、规范性和科学性等提出了更高要求。目前《电力法》等有关政策法规还在修订中，简政放权后面临界面不清等问题，不能很好适应市场发展需要。未来应厘清各项改革任务监管中，国家层面和地方政府与派出机构在规则及方案制定、运行监督与违规行为处置等方面的职责界面；健全监管机制体系，完善对交易秩序、市场力、违规行为、市场运行状态和潜在风险等方面的监管机制；构建各项改革任务的科学监管评价方法，建立严格的激励和惩戒机制。

9

国外电力辅助服务市场模式研究

9.1 国外电力辅助服务市场概述

电力辅助服务指为维护电力系统的安全稳定运行、保证电能质量，除正常电能生产、输送、使用以外，由发电企业、电网企业和电力用户提供的服务。一方面，电力辅助服务可以视为一类独立的产品，需要对其采购方式及价格形成机制进行设计；另一方面，部分电力辅助服务（如调频、备用等）与电能量具有一定耦合性，需要考虑电力辅助服务市场与电能量市场的关系。在国外成熟电力市场中，为保证电力辅助服务的充足和经济供应，均设立了相对完善的辅助服务市场交易及补偿机制。

9.1.1 辅助服务品种定义

按照用途分类，电力辅助服务通常可分为调频类服务（有功辅助服务）、调压类服务（无功辅助服务）、黑启动等。电力辅助服务品种定义与电力工业特点和电力系统调度运行方式有着密切的联系，因国家或地区而异。以调频类辅助服务品种为例，我国、欧盟、美国的辅助服务品种定义如图9-1所示。需要注意的是，调峰的本质是通过短时电力调节使发电出力跟踪负荷的变化，实现电力电量的平衡。目前，国外电力辅助服务市场中并没有调峰这个品种，一般是通过现货市场中的实时市场或平衡机制实现。

9.1.2 辅助服务的特殊性

与一般电能量商品相比，电力辅助服务具有一定特殊性。

一是具有公共产品属性。电力辅助服务的应用范围为整个电力系统，所有接入的用户均是受益主体，通常由调度机构统一执行。因此，辅助服务具有一定公共产品属性。公共产品的成本可以通过受益者或"肇事者"两方面回收。

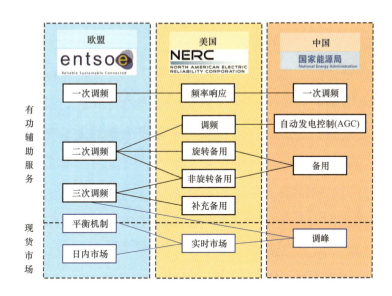

图 9-1 我国与欧盟、美国有功辅助服务分类对比

辅助服务的成本也可以由终端用户分摊，或是由造成系统偏差的主体承担。国外辅助服务市场通常采用前者或两者的混合方式进行成本分摊。

二是成本构成复杂、差异性大。辅助服务成本包括固定成本、变动成本和机会成本。不同辅助服务品种的成本间，以及不同主体提供同一种辅助服务的成本间均存在一定差异。

三是具有级联特性。不同类型的备用对系统价值不同，响应时间越短的备用价值越高。高质量的备用价格一般不低于低质量的备用，而低质量的备用可以被高质量的备用替代。

9.1.3　辅助服务的采购方式

根据辅助服务的品种特性不同，辅助服务的采购方式主要包括强制提供、长期合约和有组织的竞争性市场三种方式。

（1）强制提供。为保证系统安全，在发电机组接入时规定必须提供一定范围内的辅助服务，如一次调频、一定范围的无功调节等。在法国、意大利、西班牙等欧洲国家，发电机组需提供 TSO 所规定的一次调频备用容量。但强制提供辅助服务不一定代表免费提供，系统调度运行机构需要合理确定机组辅助服务成本，以固定价格对其进行补偿。

(2) 长期合约。针对黑启动、无功调节等对机组有特殊能力要求或具有一定本地化特征的辅助服务品种，适宜采用长期合约方式进行采购，由系统调度运行机构确定需求后，通过双边协商或招标方式确定辅助服务提供商并与其签订长期合约，期限通常包括年度、半年、季度、月度等。如英国黑启动服务由英国国家电网公司与辅助服务提供商签订长期双边合约的方式进行采购，高级无功服务（Enhanced Reactive Power Service，ERPS）由英国国家电网公司每6 个月组织一次招投标进行采购。

(3) 有组织的竞争性市场。一般适用于调频、备用等市场供应相对充足、需求随时间变化的辅助服务品种，由系统调度运行机构开设短期集中竞争市场进行采购。在美国、澳大利亚等集中式电力市场中，调频、备用等辅助服务通常与电能量现货市场联合优化出清。

9.1.4 辅助服务市场与电能量市场的衔接方式

辅助服务市场与电能量市场关系密切，其运作方式在一定程度上取决于各国所采用的电力市场模式。从国外经验来看，辅助服务市场与电能量市场的衔接方式主要包括独立交易方式和联合优化方式两种。

(1) 独立交易方式。即将各电力商品市场视为相互独立的竞争性市场。每一类电力商品市场，分别按照其参与者的报价进行出清，可得到满足各自市场需求的成交结果。独立交易方式主要应用于欧洲电力市场。

(2) 联合优化方式。由于有功辅助服务与电能量之间存在一定替代关系，可以将各类辅助服务市场与电能量市场的决策过程统一进行，以各市场的综合购买费用最低为目标。这样不仅实现了购买成本的最小化，而且在优化过程中加入了约束条件。美国大多数市场和澳大利亚市场均采取此种方式。

9.2 美国电力辅助服务市场模式

美国各电力市场对辅助服务的定义有所不同，大体上可以归纳为调频、旋转备用、非旋转备用、替代备用、电压支持和黑启动 6 种产品。其中，调频、旋转备用、非旋转备用、替代备用主要由电力市场运营机构（ISO/RTO）通过与电能量市场联合优化出清进行采购，电压支持和黑启动则以长期合同方式进行交易。下面以 PJM 和加州电力辅助服务市场为例进行介绍美国电力辅助服务市场的特点。

9.2.1 PJM 电力辅助服务市场

PJM 电力辅助服务市场主要包含调频、备用、黑启动、无功电压控制和不平衡电量 5 个品种，如图 9-2 所示。市场化运营的辅助服务产品主要包含调频、初级备用（Primary Reserve）、黑启动 3 类，其中调频与初级备用（包含同步备用和非同步备用）采用集中式市场化交易，与电能量市场联合优化运行。本节主要介绍调频、同步备用（旋转备用）和非同步备用（非旋转备用）3 种辅助服务产品。

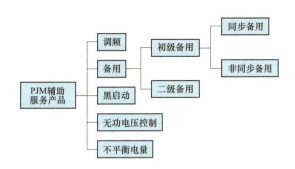

图 9-2　PJM 电力辅助服务市场品种示意图

PJM 将调频、备用辅助服务义务按照在实时市场的负荷比例分配给负荷服务商（Load Serving Entity，LSE）作为其调频、备用义务。LSE 可以利用自

153

己的发电资源或通过与第三方签订合同来履行自己的调频、备用义务。若仍然无法完全履行其责任，可以从 PJM 辅助服务市场上购买调频、备用服务。

参加辅助服务市场交易的机组在运行日前一天 14：15 之前向 PJM 提交报价信息，辅助服务市场在实时运行前一小时关闭。在此之前，机组可以修改报价信息。在此之后至实际运行前，机组可将机组状态设为不可用，退出市场竞争。

PJM 的调频、备用市场与电能量市场实时联合优化，主要分为四个步骤：辅助服务优化程序（Ancillary Service Optimizer，ASO）、滚动安全约束的经济调度程序（Intermediate Security Constrained Economic Dispatch，IT SCED）、实时安全约束的经济调度程序 SCED（Real - Time Security Constrained Economic Dispatch，RT SCED）以及节点价格计算程序（Locational Pricing Calculator，LPC）。

实时运行过程中每 5min 将辅助服务市场与电能量市场联合出清一次，联合出清的目标为电能和辅助服务采购总成本最小化。PJM 将按照不同区域的具体情况统一安排无功补偿和黑启动辅助服务，使满足要求的供应者提供相应的服务，而没有自供应能力的服务需求者则向 PJM 统一购买。

（一）调频（Regulation）

（1）品种定义。调频服务是辅助服务中最为重要的一种，其主要目的是维持系统的频率。提供调频服务的发电机组必须能够在 5min 内增加或减少其出力，以响应自动控制信号。

PJM 采用双向的调频服务。每小时的调频需求分为峰时需求（05：00－24：00）和谷时需求（00：00－05：00），PJM 负责预测下一运行日的负荷曲线，分别取峰荷和谷荷的 0.7% 作为这两个时段的调频需求。PJM 设置了响应较慢的传统调频信号（调节信号 A）和快速响应的动态调频信号（调节信号 D）两种调频信号，调频资源可以根据其性能和商业策略选择响应不同类型的调频信号。调节信号 A 主要调节区域控制偏差（Area Control Error，ACE）。调节信号 D 是专门为储能设计的,其设计目的是使储能设备能够在短时内提供更多的调频服务。

(2) 市场组织方式。PJM 调频市场组织方式主要包括日前报价、时前出清和实时出清。在日前市场上,参与调频服务的资源进行报价。PJM 市场成员对调频的报价分为容量报价、里程报价和愿意提供的调频容量三部分。实时运行前一小时,PJM 根据预测的实时市场节点边际电价(LMP)和调频资源的运行成本曲线,统一计算出每个机组的机会成本。进入实时调度以后,每 5min 进行一次电能量出清,并确定该调度时段的 LMP。PJM 根据每 5min 的 LMP 重新计算已中标调频资源的机会成本,在容量报价和里程报价不变的基础上,将机会成本改为实时出清的机会成本,里程调用率由历史值改为实际值,从而得到新的排序价格。

(3) 价格机制。PJM 调频市场采用两部制结算机制,即调频服务出清价格(Regulation Market Clearing Price,RMCP)等于调频容量价格(Regulation Market Capability Clearing Price,RMCCP)与调频性能价格(Regulation Market Performance Clearing Price,RMPCP)之和。

(二) 同步备用(Synchronized Reserve)

(1) 品种定义。同步备用指必须与电网同步,并且能够在收到系统运行人员发出信号后 10min 内响应的初级备用。根据机组运行状态不同,PJM 提供备用的资源主要分为两类:一类资源(Tier 1)包括所有经济调度且仍然具有上调能力的同步机组和能够在 10min 内调节的需求侧相应;二类资源(Tier 2)包括偏离经济运行点运行的同步机组以及能够自动相应 PJM 甩负荷信号的调节性负荷。在调度和市场出清过程中,一类资源优先于二类资源。

(2) 市场组织方式。由市场主体上报提供同步备用报价,PJM 将这些报价与电能量报价、调频服务报价一起作为辅助服务优化程序的输入数据,通过对电能量、调频、同步备用和非同步备用的联合优化,得到下一小时的非灵活性机组开机计划。在实时运行阶段,PJM 将联合优化电能量、调频及剩余的备用需求，并根据当前的系统运行状况，每 5min 计算一次同步备用的结算价格。

(3) 价格机制。提供同步备用的资源按照每 5min 同步备用的市场出清价格（Synchronized Reserve Market Clearing Price，SRMCP）结算。

（三）非同步备用（Non‐Synchronized Reserve）

(1) 品种定义。非同步备用同样要求在 10min 内完成调整。同步备用服务和非同步备用服务共同组成 PJM 市场的初级备用。系统对非同步备用容量的需求并不是固定的，而是通过同步备用与非同步备用最经济的组合方式来满足系统初级备用需求。

(2) 市场组织方式。PJM 根据每个备用资源的特性确定其备用能力，并将这些信息作为实时市场的输入。在实时市场中，对电能量、调频和备用资源进行联合优化，并根据当前的系统运行状况，每 5min 计算一次非同步备用的结算价格。

(3) 价格机制。提供非同步备用的资源按照每 5min 非同步备用的市场出清价格（Non‐Synchronized Reserve Market Clearing Prices，NSRMCP）结算。

9.2.2 加州电力辅助服务市场

加州电力辅助服务市场中包括调频、备用、电压支持和黑启动四方面内容。其中调频和备用是在日前市场和小时前市场按小时购买的，辅助服务报价在电能报价之后进行。电压支持和黑启动通过签订年度合同方式满足系统需要。

与 PJM 市场相似，CAISO 按照一定比例给 LSE 分配辅助服务义务。LSE 可以自己提供辅助服务，或是从 CAISO 辅助服务市场中购买。LSE 也可以在 CAISO 辅助服务市场中出售剩余的辅助服务。

（一）调频

(1) 品种定义。调频服务一般由并网机组提供，要求机组能够快速响应自动控制信号，使系统频率维持在一定的标准范围之内。CAISO 对调频需求的计算方法与 PJM 类似，即按照系统峰荷的一定比例得到调频容量需求。与 PJM

不同的是，CAISO调频市场包括上调频和下调频两个不同的品种，分别计算调频容量需求和里程需求。

(2) 市场组织方式。CAISO在日前市场对电能量、备用、调频资源进行联合优化，从而对调频容量和里程进行定价。与其他ISO不同的是，CAISO会在日前计算出一个估计的里程需求，根据该里程需求得到里程价格。在实时市场上，不再进行调频市场出清。

(3) 价格机制。CAISO调频市场采用两部制结算机制，即调频资源可以获得容量收益和里程收益。

（二）备用

CAISO采购的备用服务主要包括旋转备用和非旋转备用两类。

(1) 旋转备用。由系统中正在运行的机组提供，要求必须能够在10min内爬坡至指定的出力水平，并维持在该运行点至少2h以上。

(2) 非旋转备用。由不在运行但可以随时启动的机组提供，同样要求必须能够在10min内爬坡至指定的出力水平，并维持在该运行点至少2h以上。

（三）电压支持和黑启动

由CAISO通过与可靠性必开机组（Must‐Run Units）的长期合同采购。在特别的情况下，CAISO有权要求正在发电的机组提供电压支持，CAISO将按照机会成本给予补偿。

9.3　欧洲电力辅助服务市场模式

欧洲电力交易机构与系统调度运行机构分立，电力交易机构负责运营日前、日内现货电能市场，系统调度运行机构负责运行辅助服务市场，与电能量市场相对独立运行。通常由系统调度运行机构确定电力辅助服务需求后，通过强制提供、长期合约或有组织的竞争性市场等方式进行采购，满足系统安全稳定运行需要，同时按照规则对辅助服务提供商进行补偿。由于欧洲各国辅助服务市场由各自系统调度运行机构负责，各国辅助服务市场模式具有一定差异，下面以英国、德国为例，研究分析欧洲典型辅助服务市场模式。

9.3.1 英国电力辅助服务市场

英国电力辅助服务由英国国家电网公司❶负责组织采购，主要包括频率响应服务、备用服务、无功服务等品种。除此以外，英国国家电网公司还负责运营平衡机制来实现电力供需的短时平衡。辅助服务与平衡机制一起构成了英国电力系统的平衡服务（Balancing Services）。

（一）频率响应服务（Frequency Response Services）

频率响应服务指为将系统频率（50Hz）波动控制在±1‰范围内所需要的调频服务。根据响应时间不同，频率响应服务可以划分为一次调频、二次调频和高频响应（High Frequency Response）。一次调频要求机组能迅速在10s内上调或下调出力并保持20s；二次调频要求机组在30s内上调或下调出力并保持30min；高频响应要求机组能够在10s内迅速响应并保持直至调度机构给出进一步信号为止。

根据提供方式不同，频率响应服务可以分为强制频率响应（Mandatory Frequency Response，MFR）、固定频率响应（Firm Frequency Response，FFR）和增强频率响应（Enhanced Frequency Response，EFR）。强制频率响应由英国国家电网公司根据机组大小决定其是否有义务参与调频服务，并与符合条件的机组签订强制服务协议。剩余的频率响应服务（即固定频率响应）需求通过市场化竞标的方式获取。

参与MFR的平衡单位（Balancing Mechanism Unit，BMU）可获得的补偿分为两种：当BMU按照TSO指示进入频率响应模式时，TSO将支付给BMU预留

---

❶ 根据英国电力监管机构要求，英国国家电力系统调度机构（National Grid Electricity System Operator，National Grid ESO）自2019年4月起正式作为英国国家电网公司下属子公司独立运营。

费用（Holding Payment）；当 BMU 通过上调或下调出力实际参与频率响应时，TSO 将支付给 BMU 相应的响应电量费用（Response Energy Payment）。预留费用以英镑/小时为单位，主要依据是 BMU 每月在系统内分别对一次调频、二次调频和高频响应的报价。响应电量费用主要是以市场电价为基准进行结算，其单位为英镑/（MW·h）。参与 FFR 的实体获得的补偿费用包括预留费用（Availability Fee，覆盖其投标所涉及的时间段）、调频窗口启动费用（Window Initiation Fee，即每次 TSO 指示启动调频服务所获得的一次性费用）、提名费用（Nomination Fee，覆盖 TSO 指示预留调频容量的时段）和响应电量费用。

（二）备用服务（Reserve Services）

根据备用服务的响应速度和时段的不同，备用服务主要包括快速备用、短期运行备用、平衡机制启动备用三种。

（1）快速备用（Fast Reserve）。辅助服务提供商需要在调度指令下快速增加发电机组出力或减小负荷，要求爬坡速率不低于每分钟 25MW、响应时间 2min 以内、可调备用容量 50MW 以上、持续时间 15min 以上。快速备用主要用于平衡系统突然的、不可预测的频率扰动，如系统短暂用电高峰、由于意外的天气条件变化而导致的短期负荷增加等。参与快速备用服务的机组需要提前进行资格预审，通过后可以在系统内进行每月报价。根据参与快速备用服务的机组或负荷种类，英国国家电网公司会付给辅助服务提供商相对应的预留费用和响应电量费用。

（2）短期运行备用（Short Term Operating Reserve，STOR）。辅助服务提供商需要在调度指令下快速增加发电机出力或减小负荷。与快速备用不用的是，短期运行备用的响应时间更长，约为 4h，而持续时间一般在 2h 以上。目前，每年有 3 次针对 STOR 的竞标。参与者获得的补偿包括预留费用和使用费用两部分。

（3）平衡机制启动服务（BM Start‐up）。平衡机制启动服务给予英国国家电网公司在必要时启动离线平衡机组的手段，通过标准合同获取，按小时付费，参与该项服务的机组可以获得启动费用和待机费用的补偿。该服务包括平衡机组冷启动和热备用两种形式，冷启动要求在 89min 内完成，而热备用则要求更快。

（三）无功服务（Reactive Power Services）

英国无功服务主要包括强制无功服务（Obligatory Reactive Power Service，ORPS）和增强无功服务（Enhanced Reactive Power Service，ERPS）。根据英国国家电网公司规定，所有装机容量50MW以上的并网发电机组均需要具备基本的无功调节能力❶，即提供强制无功服务。除此以外，此部分机组还可以提供超出基本调节范围的无功调节能力，同时鼓励其他非强制市场成员自愿提供系统无功调节能力，即为增强无功服务。

对于强制无功服务部分，英国国家电网公司与此类机组签订强制服务协议后，按照系统默认价格与机组进行结算；对于增强无功服务部分，由英国国家电网公司每6个月进行一次公开招标，按照中标价格与无功服务提供商进行结算。

（四）平衡机制（Balancing Mechanism）

英国的新电力法（NETA）规定，所有BMU需要根据其在电力趸售市场的交易情况向TSO提交发电计划信息（Physical Notification）。这意味着多数BMU需要遵循其发电计划。然而，由于交易所成交的电量是以售电商的负荷预测为基础的，因此一般所提交的发电计划会与最终实际需要的电量存在一定偏差。TSO掌握全网的运行数据，可以在短期（1小时以内）将发电商的发电计划与较为准确的负荷数据进行比较，其差额将通过平衡机制中购买平衡电量来填补，以保证每半小时运行期内的电量平衡。

如果预测负荷大于总发电计划，则TSO需要在平衡机制中购买机组出力增加或负荷减小（Offer）；反之，如果预测负荷小于总发电计划，则TSO需要在平衡机制中购买机组出力减小或负荷增加（Bid）。调度员将根据各机组的报价选择最有利的机组或负荷参与系统平衡。一般情况下，辅助服务不属于该平衡机制的范畴内。

---

❶ 调节范围为0.85～0.95。

在实际发电前 1h，所有机组或负荷需要向调度机构提交最终平衡机组（负荷）最新出力（负荷）水平（Final Physical Notification，FPN）和至多 10 组的 Bid/Offer 报价。所谓 Bid/Offer 报价为由 BMU 在自身 FPN 的基础上所制定的下调（上调）或上调（下调）机组出力（负荷）的一组以半小时为单位的阶梯电价。

图 9-3 给出了一个发电商在平衡机制中的报价示例。在 FPN 的基础上，出力增加越多（即报价对号码越大），Offer 和 Bid 的价格须随之上涨。假如 TSO 需要出力增加 50MW，电价则为 30 英镑/（MW·h）。在此基础上，如果 TSO 需要出力减小 80MW，则首先被选中的报价对为 1 号的 Bid 报价〔25 英镑/（MW·h）〕，其价格适用于出力减小 50MW，而后报价对-1 号的 Bid 报价〔20 英镑/（MW·h）〕被选中，其价格适用至出力减小 50～80MW 的范围。

图 9-3　英国平衡机制机组报价示意图

平衡机制的结算方式为按机组报价结算，并且只根据实际平衡电量进行结算，而不对容量进行结算。

（五）费用分摊与不平衡结算

英国电力系统辅助服务和平衡机制所产生的成本首先通过系统平衡使用费（Balancing Services Use of System，BSUoS）回收。该部分费用由发电企业和电力用户共同承担。具体核算工作由英国国家电网公司的结算子公司 ELEXON 完成，该费用是根据发用双方在接入点的上网或下网电量以及相应时段的

BSUoS 价格进行征收的，并根据网损有所微调。除此以外，ELEXON 公司还会根据系统辅助服务及平衡电量调用情况计算出偏差结算电价，按照每个市场成员相对之前提交的发用电合约曲线的偏差对整个系统带来的影响向其收费，从而达到鼓励市场成员按照合同约定主动实现自平衡。

9.3.2 德国电力辅助服务市场

德国电力辅助服务以调频及备用为主，无功调节服务由并网机组强制无偿提供。自 2001 年起，德国开始通过有组织的市场购买调频所需的备用容量。2007 年起，德国 Amprion、TenneT、TransnetBW 和 50Hertz 四大 TSO 通过 www. regelleistung. net 的网站进行联合招标购买备用容量。

根据响应时间不同，德国的备用服务主要分为一次调频备用、二次调频备用和分钟调频备用三类。

（一）一次调频备用（Primary Control Reserve）

在系统产生频率偏差后短时间内迅速保证系统发电与用电的平衡，防止频率进一步偏离额定值。根据 ENTSO－E 对欧洲大陆互联电网的规定，一次调频在系统频率扰动大于±20mHz 后 30s 内启动。

德国的一次调频备用并不是强制性市场，而且由各机组自愿参与。该市场每周出清一次，TSO 将机组按照其容量报价（单位：欧元/MW）进行排序，选择中标的机组。最终，TSO 通过计量数据对参与调频的机组按照其报价进行容量补偿结算，对调频电量则不进行结算。2014 年起，瑞士、荷兰、奥地利等国家逐渐加入该一次调频备用市场，实现了一次调频备用的跨国共享与交易。

（二）二次调频备用（Secondary Control Reserve）

根据德国电力系统运行要求，机组的二次调频备用须在 5min 以内启动完毕，其主要目的是释放一次调频备用，并使系统频率逐渐恢复至额定值。二次调频主要利用发电机的自动发电控制（AGC），通过设置或修订额定工作点来消除区域间平衡联络点功率偏差（ACE）。

德国的二次调频备用市场也是由四家 TSO 联合运营的，通过 www.regelleistung.net 平台进行竞标及公布结果。机组可以根据不同时段（高峰时段：周一至周五早 8 点至晚 8 点；低谷时段：其余时间）对上调或下调出力分别进行报价，报价包括容量价格和电量价格两部分。TSO 收集所有报价后将报价按照容量价格从低至高排列，购买所需要的备用容量。所有中标机组需在实际运行中预留二次调频备用，该部分容量以机组中标价格进行结算。在实际运行中贡献调频电量的机组将会另外收到专门针对电量的补偿，该部分费用同样以机组报价进行结算。

（三）分钟备用（Minute Reserve）

德国的分钟备用相当于欧洲其他国家的三次调频备用，由 TSO 调度员人工调度。响应时间为 15min，并且需要持续 15min 至 1h 以上。

分钟备用仍然在 Regelleistung.net 网站上完成竞标与投标。机组每天可以根据自身发电计划为第二天的 6 个长度为四小时的时间段提交相同或不同上调出力或下调出力的容量和电量报价。随后，市场交易员根据容量报价从低到高排列选择中标机组并公布在网站上。中标机组将收到预留容量部分的补偿费用，而电量部分的补偿费用则是根据实际参与调频服务的情况决定。所有结算价格均以机组报价为准。

对比英国、法国等其他欧洲国家，德国并未单独设置平衡机制，分钟备用的调用作为系统准实时调节的手段，用于平衡发电与实时电力负荷。

（四）再调度（Re‐dispatching）

对于系统中出现的阻塞现象，德国主要采用再调度的方法进行阻塞管理，即对发电机组的出力计划进行人工干预，对系统内的发电与用电重新进行平衡，以缓解某一输电线路上的负载。目前，德国尚未建设完善的再调度市场，再调度的补偿通常由 TSO 与发电企业签订协议，按照事先达成一致的价格机制来进行结算。

由于德国对可再生能源的大力支持，近年来德国的风电和太阳能光伏发电发展迅速，装机容量有了显著上升。德国的风电装机主要集中在北部，而用电负荷主要集中在中西部，因此德国的南北输电线路经常出现阻塞现象，如图9-4所示。

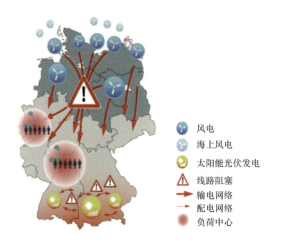

图9-4 德国电力系统阻塞示意图

为了缓解可再生能源发电带来的输电阻塞，近年来德国电力系统进行再调度的次数显著上升，所产生的再调度费用也随之增加。如图9-5所示，德国再调度费用占辅助服务总费用比例已由2012年的15.5%提高至2016年的32.8%。

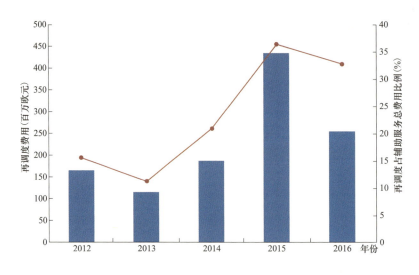

图9-5 德国2012—2016年再调度费用情况❶

---

❶ 数据来源：德国联邦网络局（Bundesnetzagentur）、彭博新能源财经（BNEF）。

9.4　国外电力辅助服务市场经验总结

一是辅助服务的采购和交易组织通常由系统调度运行机构负责。电力辅助服务的基本目的是保障电力系统安全稳定运行和电能质量，与系统调度运行机构的职责一致。系统调度运行机构能够详细掌握各类辅助服务的需求信息，因此国外电力辅助服务市场通常由系统调度运行机构组织运营。例如，英国电力市场的辅助服务由英国国家电网公司（NGC）负责管理，北欧市场中辅助服务由各国输电运行机构（TSO）管理，加州电力市场的辅助服务由CAISO负责管理。

二是辅助服务的提供方式通常为义务提供和有偿提供相结合。针对一次调节、功率因数范围内的无功调节等品种，多数国家和地区采用义务提供方式，将提供此类辅助服务作为发电企业参与电力市场的基本条件之一。AGC、旋转备用、非旋转备用等品种通常采用有偿提供方式，对提供服务的市场成员进行合理的经济补偿，以提高市场成员提供系统辅助服务的积极性。

三是辅助服务市场组织方式可以采用集中竞争或长期合约等多种方式。从国外辅助服务市场经验来看，竞争程度较强的辅助服务品种一般采用集中竞价或招标方式采购，其余品种可通过长期合约形式购买。例如，在欧洲和美国电力市场中，备用一般通过竞争性市场采购，部分国家AGC和调频也作为交易品种。无功调节和黑启动由于具有依赖地理位置或特殊装置的特性，一般采用双边长期合约。

四是多数国家将辅助服务成本按照一定机制分摊给终端用户。例如，欧洲部分国家通过输电费用或系统调度专项费用将辅助服务成本传导给用户，美国PJM市场规定所有负荷服务商（LSE）需按照一定比例承担调频和备用义务。

五是适应能源结构调整不断优化辅助服务机制。随着可再生能源比例的不断提升，电力系统运行呈现新的特点，各国电力市场正在积极探索引入爬坡类产品、系统惯性等新型辅助服务交易品种，满足系统中对具有快速爬坡能力、调节性能良好的电源需求，并通过市场化定价方式对此类机组进行经济补偿，进一步促进可再生能源消纳。例如，美国加州电力市场已引入系统爬坡辅助服务品种，以应对光伏发电给系统调节带来的挑战。美国得州、澳大利亚电力市场也在积极讨论将系统惯性纳入辅助服务品种的可能性。

10

国外可再生能源配额制研究

10.1　可再生能源配额制概述

可再生能源配额制（Renewable Portfolio Standard，RPS），也称为可再生能源强制性市场份额政策（Mandatory Market Share Policy），其概念最早源于美国加利福尼亚州，后来逐渐成为可再生能源发电容量增长的主要驱动力之一。由于可再生能源配额制主要适用于发电行业，概念上等同于后来提出的可再生电力配额（Renewable Electricity Standard）。虽然不同国家或地区配额制的具体内容千差万别，但基本内涵是相同的，即：一个国家或者其中一个地区的政府用法律的形式对可再生能源发电的市场份额做出的强制性规定。也就是说，在总电力中必须有规定数量或比例的电力来自可再生能源。

可再生能源配额制是推动可再生能源开发的一种强制性政策措施，主要目的是建立一个基于法律法规的可再生能源市场。通常来说，强制性可再生能源市场的建立需要同时引入可再生能源电力证书/绿色证书交易体系，为可再生能源配额义务的承担者提供灵活的履行义务途径。近年来，可再生能源配额制在许多国家的能源政策领域得到了广泛应用，主要做法如下：

（1）政府对可再生能源电力供应量提出比例或数量上的发展目标，并对达到目标的期限以及有效的可再生能源种类加以规定。一般来说，该目标比例或数量逐年递增，直至实现可再生能源长期发展目标。

（2）为了确保实现每年要求的可再生能源发展目标，需规定由相应的责任主体承担一定的配额任务。责任主体一般为发电企业、供电企业或售电企业。

（3）为了保障配额制的顺利实施，政府对可再生能源配额的完成情况进行监管，设计可再生能源电力证书/绿色证书的交易机制和相应的奖励惩罚措施，促进各社会主体共同承担保护环境的责任和义务。

可再生能源发电企业通过可再生能源电力证书/绿色证书交易所获得的收入作为补贴。绿色证书的价格由可再生能源电力的市场供需决定，所形成的价格信号在一定程度上能够引导对可再生能源的投资。在可再生能源电力比例尚未达到配额总体要求时，绿色证书的市场价格上涨，进而起到鼓励可再生能源投资的作用。当可再生能源电力比例达到配额总体要求以后，绿色证书市场价格下降，对可再生能源的投资热情也相应有所降低。

自 20 世纪 80 年代以来，世界上多个国家和地区将配额制作为支持可再生能源发展的一项重要的政策工具，美国爱荷华等多个联邦州、英国等部分欧洲国家、澳大利亚、日本❶和印度也先后引入该政策。截至 2017 年底，已在英国、澳大利亚等国家和地区实施了统一的配额制，美国、加拿大、比利时、印度部分州（省）也引入了配额制。

10.2 国外典型可再生能源配额制实践

10.2.1 英国可再生能源配额制

根据英国 2009 年《可再生能源义务法令》规定，所有在大不列颠地区和北爱兰地区的电力供应商是配额制实施的义务主体，并公平承担配额义务（可再生能源电量占全部售电量的比例相同）。电力供应商需要在承担配额义务期间内，向监管机构提交与配额义务指标等量的绿色证书，以证明其供应的可再生能源电力比例满足配额要求，否则将受到惩罚。

英国允许各类合格的可再生能源发电技术类型参与可再生能源义务证书交易市场。2003 年《可再生能源义务法令》规定，符合要求的发电商每提供 1MW·h 的可再生能源电力可获得 1 份可再生能源义务证书。2009 年《可再生能源义务法令》引入了新的机制，规定不同的技术根据其成本差异获得不同数量的可再生能源义务证书。2010 年 4 月起，英国启动针对可再生能源发电（5MW 以下）

---

❶ 日本可再生能源配额制已于 2012 年废止。

的固定上网电价机制（Feed – in Tariff，FiT），符合条件的可再生能源发电企业可以从获得可再生能源义务证书（Renewable Obligation Credit，ROC）和固定上网电价二者选一。考虑到可再生能源补贴费用日益增长，英国分别于2015年、2016年起暂停对新建太阳能光伏发电、陆上风电项目颁发可再生能源义务证书。根据英国新一轮电力市场改革规定，2017年起全面暂停针对新增可再生能源发电的可再生能源义务证书机制，改为差价合约机制（Contract for Difference，CfD），针对现有ROC主体将保留至2037年。

（一）配额总量及其确定方法

首先计算在三种不同情景下的可再生能源配额总量A、B、C，然后通过比较，确定最终的可再生能源配额总量。

情景一：最低目标。根据英国可再生能源的发展目标，分解确定每个可再生能源配额履行期内，大不列颠地区和北爱兰地区的配额指标（可再生能源电量占全部售电量的比例）。然后估计每个可再生能源配额履行期间的售电电量，乘以该时段对应的配额指标，得到该履行期间可再生能源配额的总量A，这可视为最低实现的总量目标。

情景二：中目标。估计每个供电商在每个可再生能源配额履行期间可再生能源的售电电量总和，在此基础上提高8%，得到该履行期间可再生能源配额的总量B。

情景三：最高目标。估计每个可再生能源配额履行期间的售电电量，设定可再生能源电量占总售电量的最高比例为20%，得到该履行期间可再生能源配额的总量C，视为最高实现的总量目标。

总量目标确定。如果总量目标B介于A和C之间，该可再生能源配额履行义务期间的配额总量确定为B；如果总量目标B小于A或大于C，该可再生能源配额履行义务期间的配额总量确定为A或C。

（二）配额制运作机制

英国建立了基于可再生能源义务证书交易体系的配额制的运作机制。英国

Ofgem 负责向可再生能源发电商颁发可再生能源义务证书，可再生能源发电商与承担义务的供电商开展证书交易。承担配额义务的供电商在配额期末向电力和天然气监管机构提交规定的可再生能源配额证书，并接受考核，具体流程如图 10-1 所示。

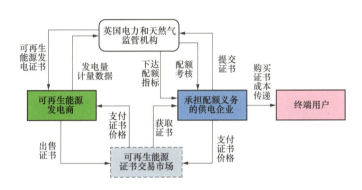

图 10-1　英国配额制运作流程

（三）考核机制

配额考核机制针对承担配额义务的供电商，由监管机构负责执行。如果供电商在每个可再生能源配额履行义务期末没有提交规定的配额目标，将受到罚款。罚金计算的具体公式为：

罚金＝（规定配额量－实际提交证书量）×单位罚金价格

英国设定单位罚金价格在 2011 年前为 37.19 英镑/（MW•h），在 2011—2012 年规定为 38.69 英镑/（MW•h），并且每年单位罚金价格随着英国零售电价指数变化而调整。

罚金处理：在所有完成配额义务的供电商之间，按各自承担的配额义务总量的比例分摊。

未完成可再生能源义务证书许可证制度规定的供电企业可以在每年 9 月 1 日至 10 月 31 日期间补交可再生能源义务证书许可证，但需缴纳滞纳金。滞纳金的计算方法如下：

滞纳金金额＝少上交的金额×本年度 9 月 1 日银行利率×滞纳天数/365

2008－2009 年英格兰和威尔士的可再生能源义务证书许可证罚款与滞纳金总上限为 2.15 亿英镑，苏格兰为 2152 万英镑。2009－2010 年英格兰和威尔士为 2.24 亿英镑，苏格兰为 2240 万英镑。罚款与滞纳金的总上限随零售物价指数的变化而变化。

10.2.2　美国可再生能源配额制

美国是世界上实施可再生能源配额制的典型国家，虽然联邦层面的配额制政策尚未建立，但截至 2017 年底，全国已有 29 个联邦州以及包括哥伦比亚特区在内的 4 个地区引入了该政策。此外还有 8 个州以及 1 个地区确定了自愿配额或目标。下面以加利福尼亚州（以下称"加州"）为例介绍美国可再生能源配额制。

（一）配额承担主体及技术类型

加州配额的承担主体是为终端用户供电的电力企业。在 2010 年之前，承担配额义务的只有三大投资者所有的电力公司，公共电力公司排除在外。2011 年对配额制法案进行了修订，将公共电力公司，包括市政电力公司和电力合作社纳入配额承担主体范围。目前，承担配额义务的电力公司 2006 年售电量占全州总售电量的 98％。

加州配额制涵盖的技术类型包括光伏发电、光热发电、填埋气发电、风电、生物质发电、城市固体垃圾发电、地热发电（1996 年 9 月 26 日前投运）、海洋/波浪/潮汐能发电、水电（小于 30MW）。

（二）配额目标的确定及分配

2003－2010 年配额目标确定方法：以供电商 2001 年的购售电情况为基准参考值，此后每年可再生能源购电量目标是在上年可再生能源购电量基础上加上一个增量，这里的增量是上年可再生能源实际购电量的 1％。电力零售商必须按照加州公用事业委员会（CPUC）规定的速度增加可再生能源购电量，每年至少 1 个百分点，2010 年前实现 10％的目标。

2020 年前配额目标分为三个承诺期。委员会必须公布每个承诺期每个零售商需要收购的可再生能源电量。第一承诺期要求 2011 年 1 月 1 日－2013 年 12 月 31 日零售电量的 20％来自可再生能源。2013 年以后，零售商收购的可再生能源电量必须能够确保在 2016 年 12 月 31 日前实现 25％，2020 年 12 月 31 日前实现 33％的目标。

政府要求电力供应商实现可再生能源收购目标，前提条件是州政府有足够的资金来弥补可再生能源发电成本高出平均成本部分。如果资金不足以满足收购可再生能源电力的需要，可允许供应商适当降低其年度可再生能源收购义务。

（三）配额制运作机制

一般来说，1MW·h 可再生能源电力相当于 1 个可再生能源证书（绿色证书）。可再生能源发电商在售电时同时出售绿色证书。承担配额义务的电力公司和零售商购买这些绿色证书，以此作为向监管部门出示的收购可再生能源电力证明。绿色证书需要通过西部地区发电信息系统（WREGIS）进行追踪，并可存储起来以备未来三年使用。

2011 年 1 月 13 日，CPUC 通过决议，允许使用可交易证书（Trecs）来完成配额义务。2010－2013 年，Trecs 的使用不能超过配额总义务的 25％，并且价格不能超过 50 美元。根据后续有关法案草案，到 2017 年使用 Trecs 的比例不能超过配额总义务的 10％。此外，在加州，不同品种可再生能源电力所对应的证书数量是相同的，也就是说，不同品种可再生能源之间具有竞争关系。

（四）行政管理

加州可再生能源配额制的主管单位分别是加州空气资源委员会（CARB）、公用事业委员会（CPUC）和能源委员会（CEC）。接受 CPUC 管理的电力公司必须在每年的 3 月 1 日前向 CPUC 汇报上年配额制执行进展情况，在 8 月 1 日汇报本年度执行情况。

10.3 国外可再生能源配额制实践经验总结

一是可再生能源配额制的确立和成功实施要具备健全的市场条件和完善的监管体制。首先，要有一个健全的电力市场。例如美国得州最初采纳配额制是与进行电力重组改革相配合进行的，其电力市场已经比较健全。其次，要有完善的政府监管体制。配额制虽然在具体义务履行过程中交给市场来处理，但是这绝不等于放松监管或管制，反而更需要一个依法行政和高效率的监管机构。这也是对政府管理和监管能力提出更严格的要求。再次，要有丰富的可再生资源基础。

二是可再生能源义务证书/绿色证书系统往往作为配额制政策的重要组成部分。在可再生能源配额制政策框架下，政府监管部门、电力零售商和可再生能源发电商都是主要的参与方。政府监管部门负责发布年度可再生能源电力比例和监管制度的运行。电力零售商作为义务主体购买并向政府监管部门提交满足配额要求的绿色证书。合格的可再生能源发电商根据发电量申请并出售绿色证书，同时获得收益。

三是由于国家政体、立法制度、市场条件不同，不同国家在绿色证书交易系统设计上也有所差异。例如美国没有联邦层面的配额政策，因此不同州的绿色证书交易机制在具体操作细节上也有不同，而且证书交易一般仅限于本州的范围之内。澳大利亚将可再生能源证书按规模进行分类，英国则采取了义务分级制度。

11

对我国进一步深化电力改革的启示和建议

一是进一步加强促进可再生能源消纳的市场机制创新，积极探索适合我国国情的配额制与绿色证书交易机制，促进可再生能源在大范围的资源优化配置。

近年来，可再生能源在全球范围内高速发展，传统的电网架构和电力市场机制已经越来越难以适应高比例可再生能源的要求。为应对这一挑战，各国不断扩大市场范围，以更好地适应可再生能源发电特性为目标优化交易机制，同时建立科学合理的可再生能源补贴机制。市场融合方面，欧洲统一电力市场一体化程度进一步加深，日前与日内市场实现耦合运营；美国区域电力市场范围不断扩大，同时积极探索西部能量平衡市场（EIM）机制。交易机制方面，澳大利亚缩短实时市场结算周期，鼓励发电机组积极响应价格信号参与灵活调节，以适应可再生能源带来的波动性。补贴机制方面，英国推出针对可再生能源发电的差价合约机制，实现了控费和增效的双重目标；美国、澳大利亚实施可再生能源配额制，有效促进了可再生能源发展。

我国局部地区可再生能源装机已经达到很大的总装机占比和负荷占比，在我国新一轮电力体制改革环境下，适时完善可再生能源价格补贴机制，推动可再生能源积极参与电力市场，是我国可再生能源实现更大规模发展的必要选择。我国应积极探索建立覆盖中长期、现货等多时间尺度的电力市场体系，鼓励可再生能源超出保障收购利用小时的电量进入市场，发挥边际成本低的优势，利用市场机制解决可再生能源消纳问题。同时，充分借鉴国外配额制实践经验，尽快出台符合国情的可再生能源配额制度，建立绿色证书交易机制，促进可再生能源可持续发展。

二是围绕能源转型大趋势，探索建立容量机制，加快传统机组角色定位的转型，有序引导发电投资，保障电力长期安全供应。

随着可再生能源比例的提高，传统发电机组的利用率逐渐下降，收入模式逐渐由电量收入向辅助服务、容量收入转变。传统发电机组的退役导致美国、英国、欧盟等国家和地区的电力市场逐渐面临供应安全问题，系统备用率逐年下降。为吸引长期发电投资，国外多个电力市场建立了以容量市场为代表的发电投资激励机制。英国新一轮电力市场化改革中，对新建机组采用集中招标制，对中标机组容量支付一定的容量费用以鼓励发电机组建设，应对间歇性可再生能源的增长给系统长期供应安全带来的挑战。美国 PJM、新英格兰等电力市场实施容量市场及负荷服务商（LSE）的容量责任机制，建立提前 3 年招投标的方式集中购买发电容量的机制，以市场和监管相结合的方式来吸引长期发电投资，并结合市场运行情况对容量机制进行动态优化和调整。

我国电力工业仍处于发展阶段，在保障电力供应安全的同时还面临着加快发展清洁能源、加大节能减排力度的可持续发展重任。保障电力供应安全是电力市场建设的前提。建设电力市场既要发挥市场在资源配置中的决定性作用，也要建立科学的电力统一规划机制，充分发挥规划的引导和调控基础设施投资的作用。随着电力工业发展、电力市场化改革进程、政府职能改革的推进，完善规划的动态调整机制，逐步建立适应改革和市场发展的规划管理方式，有效促进和指导电力工业有序、协调发展，确保资源优化利用和电力安全供应。在政府统一规划的基础上，逐步探索建立容量市场机制，通过市场与监管相结合的电源投资激励机制，保持新增发电容量合理增长，促进电力可持续发展。

三是统筹协调电力市场化改革中的各方利益，妥善处理改革过程中的搁浅成本问题，实现计划向市场的平稳过渡。

国外电力市场化改革都曾经面临搁浅成本问题，提供了丰富的实践经验。20 世纪 80 年代，美国的电力工业市场化改革使原来垂直一体化的电力公司在发电端形成了约 2000 亿美元的搁浅成本。引入竞争以后，由于天然气价格急剧下降以及燃气轮机技术的发展，电力价格大幅度下降，电力用户不愿意再向电力公司购电，原来处于垄断地位的电力公司不能收回原来的投资，形成搁浅成本。美国 1996 年颁布的 888 号法令中提出，因失去趸售业务而产生的搁浅成本可以从离开的趸售客户身上回收。1997 年加州电力公共事业搁浅成本评估总量达到 270 亿美元，这些搁浅成本主要通过向所有用户征收竞争过渡费

（CTC）和降息债券（RRB）的方式回收，如今大部分成本已得到回收。

如何实现计划向市场的平稳过渡是我国电力市场建设中需要解决的重要问题之一。特别是在当前煤电产能过剩的形势下，随着发用电计划的进一步放开，煤电企业的经济效益会逐步下滑，煤电行业将整体面临资产搁浅的风险。搁浅成本若处理不当，可能引发就业、社会问题，在电力市场建设初期必须予以关注。借鉴国外电力市场化改革中搁浅成本的处理方式，可以采取渐进式改革思路，在市场过渡期和市场成熟期采取计划电量倾斜、兼并重组、用户共同分摊等不同方式给予经营困难的电厂一定的补贴，以保证市场化改革的平稳推进。

四是充分调动需求侧资源，完善分时电价机制，建立需求侧资源参与市场交易的机制，为市场和系统运行提供更多灵活的调节手段。

随着可再生能源的大规模发展，各国都意识到鼓励需求侧参与市场、充分利用需求侧资源是应对波动性电源、调节供需的最主要、最经济的手段之一。同时，分布式电源和储能技术的发展为需求侧资源参与市场提供了必要的技术支撑。近年来，欧美国家开始重视电力市场中需求侧响应机制的建设，通过先进配电技术、市场机制发挥需求侧资源的灵活性，保障电力系统平稳运行。部分电力市场发展成熟的国家正在开展需求侧资源促进新能源并网消纳的实践探索。

现阶段，我国可通过建立合理的市场机制聚集起一定规模的用户，以发挥需求侧资源的作用。一方面，通过完善市场交易机制，促使更多新能源主动寻找负荷资源，鼓励更多负荷资源积极参与到新能源并网相关辅助服务中，以解决新能源并网消纳问题，包括推出绿色证书交易机制、完善新能源和用户直接交易机制、建立需求侧资源参与辅助服务交易等；另一方面，可中断电价、直接负荷控制、峰谷分时电价在我国已经有一定的实践基础，通过调整适用范围、完善相关价格机制等措施，进一步激发用户参与需求响应的热情，能够释放需求侧资源调节供需的潜力。

五是在培育多元化市场主体的同时，加强对售电市场的科学引导与严格监管，形成售电市场的良好竞争态势。

售电侧改革一直是国外电力市场化改革的重点内容之一。近年，国外电力监管机构一直致力于促进售电市场竞争、加强售电市场监管，为用户提供更优惠的套餐和更优质的服务。英国通过降低用户更换售电商的门槛、放宽售电商的价格管制、提升售电市场透明度等一系列措施鼓励更多中小型售电商参与售电市场竞争。日本成立独立电力市场监管委员会，加强对售电企业准入资质、售电业务实施情况等方面的监管，并允许十大电力公司继续从事市场化售电业务，在有效保障售电市场平稳有序运营的同时，充分激发了售电市场活力。自2016年售电市场全面放开以来成效显著，用户满意度整体较高。

我国售电侧改革已进入全面推进阶段，多元化的售电主体已进入售电市场，要充分吸收和借鉴国外售电侧改革经验，加强对售电公司业务开展情况、用户服务质量、市场营销行为、信用情况等内容的监管，维护售电市场竞争秩序。重点关注售电份额集中度较高的地区，杜绝滥用市场力而导致民营售电公司生存困难的行为，避免形成市场壁垒。同时，积极引导售电公司由单一价格竞争向服务竞争转变，促成售电公司的良性竞争，释放市场活力。

六是建立电网发展的长效激励机制，促进电网可持续发展，满足经济社会发展要求。

随着可再生能源的发展，欧美停滞多年的电网建设也开始重新起步。欧美国家正在逐步调整政策与市场机制，鼓励能源基础设施建设，适应可再生能源的快速发展，保障能源电力的安全供应。为应对煤电机组退役、可再生能源比例提升所带来的电力安全供应缺口，英国将促进电网互联互通、扩大电力进口比例作为巩固能源安全的重要措施，并出台了一系列政策支持跨国电网建设。欧盟提出《十年电网发展规划（2018）》草案，对能源清洁低碳转型背景下欧洲电网2025、2030年和2040年的发展方向进行了明确，计划通过扩大跨国电网互联保证电力供应的安全性与经济性。

　　我国电力工业将在较长一段时间内保持平稳快速增长。能源资源与负荷中心逆向分布、能源结构调整和电源布局优化等需求，客观上要求电网继续保持较高速度发展。需要建立促进电网可持续发展的体制机制，为电力市场运行提供坚实的物质基础，满足经济社会发展对电力的需要。

参 考 文 献

［1］ APPA. Retail Electric Rates in Deregulated and Regulated States：2017 Update，April 2018.

［2］ APPA. U. S. Electric Utility Industry Statistics，2017－2018.

［3］ EIA. Electric Power Monthly. August 2018.

［4］ FERC. Energy Infrastructure Update.

［5］ FERC. 2017 State of the Markets. April 2018.

［6］ FERC. 2017 Report on Enforcement. November 2018.

［7］ Buchsbaum，Lee. 2016. "Supporting Coal Power Plant Workers Through Plant Closures" (trade press article). Power (June) (avaliable at https：//www. powermag. com/supporting－coal－power－plant－workers－plant－closures/? pagenum＝1，accessed Aug. 1，2018).

［8］ Energy Future Competitive Holdings Company (EFCHC). 2015. Form 10－K.

［9］ Energy Information Administration (EIA). 2018. EIA－860M monthly database (February).

［10］ FirstEnergy Corp. 2018. Form 10－K (fiscal year ending December 31，2017).

［11］ Nevada Revised Statutes (NRS). 2018. Section 704. 110，Paragraph 13.

［12］ S&P Market Intelligence. 2018. Moody's raises Vistra outlook to ' positive' (April 23).

［13］ U. S. Economic Development Administration (USEDA). 2018. "EDA Assistance to Coal Communities. " Web site and related links，https：//www. eda. gov/coal/ (accessed Aug. 1，2018). Listing of specific project awards，https：//www. eda. gov/news/press－releases/2017/10/11/2017－acc. htm.

［14］ Vistra Energy Corporation. 2018. Annual Report.

[15] Pineau. P. O., 2012. Integrating Electricity Sectors in Canada: Good for the Environment and for the Economy. The Federal Idea, Montreal.

[16] AESO, 2017. AESO 2017 Annual Market Statistics.

[17] Ernst & Young (EY). Power Transactions and Trends. 2017.

[18] The European Wind Energy Association. Wind in power, 2017 European statistics. 2018.

[19] 欧盟委员会. Energy Prices and Costs in Europe. 2017.

[20] 李竹,庞博,李国栋,等. 欧洲统一电力市场建设及对中国电力市场模式的启示. 电力系统自动化,2017,41(24):2-9.

[21] 曾鸣,段金辉,李娜,等. 英国电力双边交易市场模式的经验借鉴. 华东电力, 2013,41(1):1-4.

[22] OFGEM. Wholesale Energy Markets in 2017. 2018.

[23] OFGEM. Retail Energy Markets in 2017. 2018.

[24] DECC. Digest of UK Energy Statistics. 2018.

[25] National Grid. Annual Report and Accounts 2016/17. 2017. CERC. Report on Short-term Power Market in India: 2016-17. 2017.

[26] MOP. Annual Report 2016-2017. 2017. Ministry of Business, Innovation and Employment, http://www.mbie.govt.nz/.

[27] CEA. Executive Summary of Power Sector. Dec 2017. <http://www.cea.nic.in/reports/monthly/executivesummary/2017/exe_summary-12.pdf>.

[28] CEA. Load Generation balance Report (LGBR) 2017-18. May 2017. <http://www.cea.nic.in/reports/annual/lgbr/lgbr-2017.pdf>.

[29] MOP. Annual Report 2017-2018. <https://powermin.nic.in/sites/default/files/uploads/MOP_Annual_Report_Eng_2017-18.pdf>.

[30] CERC. Report on Short-term Power Market in India: 2017-18. <http://www.cercind.gov.in/2018/MMC/AR18.pdf>.

[31] 邹鹏,陈启鑫,夏清,等. 国外电力现货市场建设的逻辑分析及对中国的启示与建议. 电力系统自动化,2014,38(13):18-26.

［32］ Gabrielle Garton，Grimwood and Dr. Elena Ares. Energy：The Renewables Obligation. 2016.

［33］ 杨素，马莉，武泽辰，等. 日本售电侧市场放开的最新进展及启示. 南方电网技术，2018，12（4）：56－59.

［34］ 许雅音. 日本电力零售自由化发展现状. 2018. https：//km. twenergy. org. tw/ReadFile/？p＝Reference&n＝20183168579. pdf.

［35］ 马莉，武泽辰，张晓萱. 关于增量配电放开相关问题的探讨. 中国电力企业管理，2018（7）：36－37.

［36］ 黄李明，杨素，屠俊明，曲昊源. 增量配电业务改革试点关键问题. 中国电力，2017，50（7）：1－4.

［37］ 中国电力企业联合会. 中国电力行业年度发展报告 2018. 北京：中国市场出版社，2018.

［38］ 北京电力交易中心. 2017 年电力市场年报. 2018. http：//www. bj－px. com/html/files/2018－05/04/20180504162401507816746. pdf.

［39］ 史连军. 我国电力市场运营现状、挑战及发展思路. 中国电力企业管理，2018（13）：49－53.

［40］ 国家电网有限公司. 国家电网有限公司促进新能源发展白皮书（2018）. 2018.

［41］ 何永秀，陈倩，费云志，等. 国外典型辅助服务市场产品研究及对中国的启示. 电网技术，2018，42（9），2915－2922.

［42］ Argonne National Laboratory. Survey of U. S. Ancillary Services Markets. 2016.

［43］ ENTSO－e. Survey on Ancillary Services Procurement，Balancing Market Design 2017. https：//docstore. entsoe. eu/Documents/Publications/Market％20Committee％20publications/ENTSO－E＿AS＿survey＿2017. pdf.

［44］ National Conference of State Legislatures. State Renewable Portfolio Standards and Goals. 2018. http：//www. ncsl. org/research/energy/renewable－portfolio－standards. aspx.

［45］ 任东明，谢旭轩. 构建可再生能源绿色证书交易系统的国际经验. 中国能源，2013，35（9）：12－15.

［46］ OFGEM. https：//www. ofgem. gov. uk/environmental‒programmes/ro/applicants.

［47］ 赵勇. 加拿大电力体制改革的启示. 电力技术经济，2002（04）：60‒63.

［48］ 李培乐. 加拿大阿尔伯塔省电力市场与运营的启示. 中国电力企业管理，2012
（11）：94‒97.

［49］ 邹建平. 辅助服务的市场化定价与交易模式研究. 华北电力大学，2012.

［50］ Regelleistung. net. Market Description. https：//www. regelleistung. net/ext/down‒
load/marktbeschreibung.